JN306488

国家を考えてみよう

橋本治 Hashimoto Osamu

★――ちくまプリマー新書
256

目次 ＊ Contents

企画・編集協力＝刈部謙一（K&K事務所）

第一章　「国家」を考えない

「国家」を考えるために

『国家を考えてみよう』という本ですが、そのために重要なことは、まず「国家を考えない」ということでしょう。

なぜそんな矛盾したようなことを言うのかというと、「国家」には何千年もの長い歴史があって、それを考えるのにも長い歴史があるからです。古代ギリシアの哲学者プラトンは、既に紀元前の段階で「国家」を論じていて、そのものずばりの『国家』というタイトルの著作もあります。日本語の訳もありますから、それを読むことだって出来ますが、それを読んで「国家のこと」が分かるかどうかは分かりません。

「プラトンはなにかを言っている。たぶん〝国家〟に関することなんだろうが、このことと自分はなんの関係があるんだろう？」という気になるだけではないかと思います。

プラトン以後にも、多くの思想家や哲学者、政治家達が「国家」を考えて論じているので、「国家論」のようなものはいくつもあるはずです。でも、そういうものは「昔の偉い人」が書いたものですから、むずかしくて「なにが書いてあるのかがよく分からない」という状態になるのではないかと思います。

「国家ってなんなんだ？」という疑問があるからこそ、「国家を考えよう」という気にはなるのですが、「国家論」という難解なものの中に入り込むと、「他人の書いた国家論を目で追う」ということで精一杯になって、「一体、自分はなにを分かろうとしているんだ？」という疑問が生まれ、「自分が国家論を読もうとした理由」は分からなくなるでしょう。

「国家論」というと、それだけでむずかしいものです。「国家」という漢字二文字を見つめていると、重厚で厳《いか》めしく巨大なものが立ちふさがっているような気がしてしまいます。だから、「国家を考える」などということになると、「むずかしいものを、むずかしいように、考えなければいけないのではないか？」という気にもなってしまうのです。

巨大な怪物に立ち向かうようで、足がすくんでなにも出来なくなりそうですが、だったらそんなめんどくさい考え方をしなければいい――つまり、「国家を考えるために必要なのは、まず〝国家〟を考えないこと」なのです。

そうは言っても、「難解でハードな国家論をちょっと覗《のぞ》いてみたいのですが、どういうのがありますか？」とおっしゃる方もいるかもしれません。でも、私はよく知りません。なにしろ私は、「国家を考えるためには、国家を考えないことが重要だ」と言う人間なのですから。だから、具体的にはよく分かりませんが、「難解な国家論」というものに出会いたければ、図書館の「哲学」というコーナーを覗いてみたらどうでしょう。

もしも、まだそういうものがあればの話ですが。

たぶんそこに行けば、「国家論はなぜ難解か？」という疑問を解く鍵と出会えます。

その鍵とは、「哲学」です。

「国家」という言葉で最初に連想されるものは、たぶん「政治」でしょう。「国家」という言葉を聞いただけで「政治家がウヨウヨいるところ」と考えてしまう人もいるかもしれませんが、「政治家がウヨウヨいるところ」は「国会」で、「国会議事堂」です。「国家」とは「コッカ」の三音が同じだけで、「国会」は「国家」そのものではありません。

でも、「国家」が「政治」と大きく関係していることだけは間違いありません。それなのに、「国家を考える」ということになると、「政治」ではなくて「哲学」の方に行ってしまいます。「国家」を考える上で障害になるのは、そのことなのです。

政治のことを考える学問は、政治学です。大学には政治学科や政治学部というものがあります。法律を学ぶのが法学部で、政治学というものはその中に収まるものだと考えると、法学部政治学科というものになりますが、じゃ、法律で成り立っているような「国家」のことをどこで学ぶのかというと、少しクエスションです。「国家のことを学ぶのなら、〝国家学〟というものなのかな?」と考える人はいるかもしれませんが、今の日本の大学に「国家学部」とか「国家学科」というものは、（おそらくは）一つも存在しません。

昔はあった「国家学」というのが今ではなくなって、政治から切り離された「国家論」は「哲学」のコーナーに行き、そこにしか残されていないのです。

政治というのは、実は具体的なものです。一方で哲学は、抽象的なことを考えます。具体的なものを抽象的に考えだしたらむずかしくなるのは当然のことですが、では、どうしてそういうことが起こるのでしょう？　その経過は、意外なものです。

今、「国家」というものはあります。だから、「国家を考える」ということはそんなにむずかしくはありません。でも、昔は「国家」がありませんでした。あっても、昔の国家は今の国家とは違います。だから、昔の人達は「我々の国家はどんなものであればいいのか？」と考えたのです。

「国家はどんなものであればいいのか？」とは別に、「このただの〝我々〟が〝国家〟なんてものをやってもいいのか？」という疑問だってありました。「国家をやるってなんだ？」とお考えかもしれませんが、そういうところからスタートしたものだから、昔の「国家論」は難解で、抽象的だったのです。

「国家」には二種類がある

昔の「国家論」が難解なのは、そこで語られたり問題にされる「国家」が、我々の知っている「国家」ではないからです。

我々はうっかり、「国家は〝国家〟なんじゃないの？」などと思ってしまいます。それは、具体的によく分からなくても、「国家の形」とか「国家のあり方」が、今でははっきりしているからです。「国家」と言われて、教科書に載っている「三権分立の国家の形」という図なんかを思い出す人もいるかもしれません。今や「国家」というものは、そのようにはっきりした形を持つものです。

しかし、「国家」というものは、我々の知っている「国家」だけではありません。我々が漠然と「国家は〝国家〟じゃないか」と思うその「国家」は、歴史的には「近代国家」とか「国民国家」、あるいはその両方を一緒にした「近代国民国家」と言われるようなものなのです。

「国民国家」というのは「国を構成する人間達の間に身分的な違いはない――国民達がそういう前提に乗っかっていられる国家」ということで、つまりは「民主国家」とか「民主主義国家」のことです。でも、「民主主義だということを建て前にする独裁国家」というのもまた、「近代国民国家」の一つであったりもしますから、「国民国家＝民主主義国家」というわけではありません。

「近代国民国家」という言葉があるのですから、「国民国家」というものが近代になってから出来上がったものだということは分かります。「近代」というのはいつの時代のことかという説明も必要かもしれませんが、それは後回しにして、今までのところでは、「我々が〝国家〟だと思っているものの歴史は意外に浅い」ということと、「近代国家が出来上がる前の時代には、国民国家や近代国家とは違う形の〝国家〟がいくらでもあった」ということが重要なのです。

「国家」と言っても、そこに違いはいくらでもあって、近代国家が出来上がっているはずの今になっても、「国家」には違う二つの考え方があって、だからこそ「国家」に関する話は、難解というよりも、ややこしいのです。

たとえば、「英語で〝国家〟のことをなんと言いますか?」と言われた時、たぶん多くの人は「ネイション(nation)」と答えると思います。でも、英語の辞書で「nation」を引くと、最初に出て来る意味は、「国家」ではなくて「国民」のはずです。「国民があってこそ、その国家もある」という考え方で出来上がっているのが「nation=国家」で、この言葉が表す「国家」は、当然「国民国家」であるような「近代国家」です。

しかし、英語にはもう一つ「国家」を表す単語があります。「ステイト(state)」です。ニュースで「過激派組織IS――Islamic State」と言われる、あの「state」です。「国家」を表す言葉としては、「nation」よりも「state」の方が古くて、「state」が指し示すものは、「国家=領土」です。

だから、過激派組織の「Islamic State=イスラム国」は、「国家」というものを「国民の支持や合意によって出来上がるもの」とは考えず、「領土の確保によって出来上がる」と考えるのです。「イスラム国」が、武力によって「領土」となる支配地を獲得し、そこにいる住民を強制的に「自分達の国民」にしてしまうのはそのためで、その昔に「国家」というものは、「イスラム国」のようなあり方をしているのが当たり前だったのです。

「国家＝国民」と「国家＝領土」であるような「nation」と「state」という二つの言葉があるのは、英語だけではありません。フランス語にもドイツ語にも、同じ二種類の言葉があります。つまり、「国家」というものには、「人＝国民」を中心にして考えるか、「土地＝領土」を前提にして考えるかという、二つの違う考え方があるのです。

昔の中国の「国」と「国民」の考え方

横文字の西洋には、「国民で国家を考える」というのと、「領土で国家を考える」の、「国家」に関する二つの考え方があります。日本にも横文字文化の考え方は浸透していますが、でも日本は「漢字」を使う縦文字文化の国です。だから、西洋とは違う日本文化のルーツとなる、漢字を生んだ古代中国人の「国」の考え方を知っておく必要もあります。

　大昔の中国で、「国」は「囗」と書きました。「口《くち》」ではなくて、「囗《くに》」です。当時の国というのは、四方を城壁で囲まれる都市国家だったので、四方の城壁を表す線を書けば、それで「囗《くに》」です。だから、「国」や「園」や「囲」のように、文字全体を囲む「囗」をクニガマエと言って、「叱」「叫」「吐」に使う小さい「口」の「クチヘン」と区別します。

「囗《くに》」の中にはなにもありません。なにもなくても、「国の境」を示す四方の境界線があれば、それでもう「国」です。古代の中国での「国」は「state＝領土」の方でした。「国」という漢字は、第二次世界大戦の後に日本政府が決めた新しい字体で、「囗」の中に「玉」が入っていますが、この字の古くて正しい形は「囗」の中に「或」が入っている「國」です。

「或」を城壁で囲っているのが「國」ですが、その「或」がなんなのかというと、これもまた「或《くに》」です。「或」という文字は、「戈」と「口」と「一」の三つのパートに分かれます。「戈《ほこ》」は、長い柄の先に刃を付けた槍のような武器です。小さな「口」は国で、「一」は地面です。「大地の上にある領土を武器で守る」というのが「或《くに》」です。でも、それだけだとなんだかむき出しで頼りないので、更に全体を城壁で覆って「國」にします。

「領地を武器で守って、更にこれを城壁で固める」というのが「國」ですから、ずいぶんと国防重視です。中国四千年の神秘かどうかは分かりませんが、そのせいで、今でも「国家は領土で、国防第一だ」と信じている人はいくらでもいるようです。

ちなみに、「或」は「昔々、或《あ》る所におじいさんとおばあさんが住んでいました――」の「或」です。「或る所」で「或る人」で「或る日」で「或る時」です。漠然としていてもう一つはっきりしないのが「或」で、この文字は「或いはまた――」というような形でも使われたりします。「Aかもしれないけど、でもそうじゃなくてBかもしれないし——」というのが「或いは」です。

「或る」が「存在する」ということを示す「有る」から来ているのは確かですが、「有」とは違って、「或」は「存在はしているが、あまり明確ではない」という不確かなものです。「国防だけを考えている国家は、うっかりすると消えちゃうかもしれない」という危うい意味を漂わせるのが「或《くに》」であったりもします。だからこそで、この「或」の外側には城壁を築いて「國」にしておかないと、落ち着かないのかもしれません。

「中になにもなくても、境界線で区切ってあれば国だ」という、「国家＝state」系の考え方をしたのが大昔の中国人で、秦《しん》の始皇帝が中国全土を統一する以前、古代中国での国家は小さな都市国家だったので、国の周りに境界線となる城壁をめぐらせるのは、そうむずかしくはなかったのです。

「口」が古代中国人の「国」だったりすると、古代の中国人は「境界」だけを考えて、「国民」を考えなかったと思うかもしれませんが、彼等はもう一つ「邑《くに》」という字も作りました。

「邑」は「人のいる国」なのですが、あまり「国家」ぽく見えません。「都邑《とゆう》」と並べられた熟語になると、「都会と田舎」で、「田舎」を担当するのが「邑」です。「邑」は、古い都市国家時代の「国」なので、その都市国家の規模が拡大すると、「邑」は「人のいる国の中心地である都」の意味を持ち、更に巨大な統一王朝の時代になって各地にいくつもの都市が出来るようになると、「邑」は「人のいる村」くらいのものになってしまうのです。

「邑」の上の小さな「口」はもちろん「口《くに》」で、下の「巴《ともえ》」は「ひざまずく人の形を表したもの」と言われています。「邑」はそういう文字なので、「人の住む国、場所」という一つの単位として捉えられ、簡略化されて「阝《オオザト》」という漢字のツクリになります。

「都」や「郷」という漢字が「人のいる場所」を表すのはそのためですが、「邦」という字もあります。

「邦」はもちろん「邦《くに》」で、「挹」と同じ文字なので、これは「人のいる国」という意味を表す文字になるんだろうと思われますが、大昔の中国人はあまりそういう考え方をしなかったようです。というのは、同じ「クニ」である「國」と「邦」を、大昔の中国人は「境界と防衛だけの国」「人の住んでいる国」というような分け方をせずに、「邦」と「國」の違いを、「邦は大きな国、國は邦より小さな国」と考えていたのです。つまり、大昔の中国人には、国というものを「人の住む所、住んでいる所」と考える発想自体がなかったのです。

どうしてそんなことが言えるのかというと、「人のいる国」である「邑」の形です。「邑」は、「囗《くに》」の下に「巴」——人がひざまずいています。「人のいる国」だったら、クニガマエの中に「巴」が入っていればいいのですが、そういう漢字はないも同然です。そういう漢字が存在しないわけではありませんが、「邑と同じ」というだけでまず使われません。つまり、大昔の中国人にとって、「国の中にいるはずの国民」は、「城壁に守られている」のではなくて、「国に対してひざまずくようにして存在するもの」だったのです。

「国家」は誰のもの？

「邑」で、「巴」になった人は、「四方を線引きされただけで中にはなにもない小さな「囗《くに》」にひざまずいています。なんでもない抽象概念のような四角い平面に人がひざまずく――つまり、祈ったり服従したりしているのはへんですから、この「囗」はただの「四角い地面」や「領域」ではないはずです。

それでは、この「囗」はなんでしょう？　人が崇める「神」というようなものだったら、ただの地面を表すものとはもう少し違うシンボル的なものを持って来たはずですから、違います。この「囗」は、「その領土を持っている人」――つまり「領主」とか「王様」というような支配者の存在を暗示するものなのです。

誰かが地面の上に周囲との境になる線を引いて、「この中側は俺のもの！」と言ってしまうと、それが「囗《くに》」です。「でも、これだけだと外から敵が来て侵略されてしまうかもしれない」と思って、境界線の周りに武器を置き、更にその外側を城壁で囲んでしまえば、「國」です。

誰がそれをするのかと言えば、地面に線を引いて「この中側は俺のもの！」と言って「国の持ち主になった人」で、「国を作った人」です。

中が空っぽでも、「口《くに》」の中には持ち主がいます。「持ち主」とは「その国を作った人」で、そういう人がいればこそ「その国」は存在しているのですから、「その国を作った人」は、ほとんど「その国の神」です。それで、「いるに決まっているのだから形にしなくてもいい」という特別な扱いを受けるのです。

「城壁と戈に守られた国」である「國」の字を見ると、真ん中にある小さな空っぽの四角が、王様の玉座のようにも見えます。この小さな四角は「口《くに》」であるわけですが、それがいつの間にか「厳重な警護で固められている王様の玉座」のようにも見えます。「口《くに》」が誰かによって作られ、「誰かのもの」になっているから、ただの四角い領域が人格化されたように見えるのです。

というわけで、「国」は誰かのものです。「国民のもの」ではありません。だから、前に言ったような、「このただの〝我々〟が〝国家〟なんてものをやってもいいのか?」という疑問だって生まれるのです。

「口」や「國」はそれを作った、「王様」とか「領主」とか「支配者」と言われるような人のもので、「我々国民のもの」ではありませんでした。それで、「本当にこの国は〝王様〟と言っている奴のもので、我々国民のものじゃないのか?」という疑問が生まれて、そこから我々が普通に「国家」と考える「近代国家」の歴史が始まるのです。

「国家の歴史」は二段階に分かれていて、前は「国家は支配者のもの」篇《へん》で、後半が「国家は国民のもの」という近代国家篇です。「国家」を考える時にややこしい食い違いが生まれるのはここで、「国家には二段階の歴史がある」ということを、あまり多くの人が理解をしていないのです。

「〝誰のもの〟とは書いていないけれど、国は、国を作った人か、他人の作った国を奪った人のもの」という、近代国家以前の「国家に関する常識」は、漢字文化圏だけではなくて、西の横文字文化圏にもあります。「領土=国家」であるような「state」がそれです。

「国民＝国家」であるような「nation」が表すのは近代国家で、「state＝領土」の国家は、それ以前のものです。

ただの「領土」が「国家」になってしまえるというのは、その「領土」が、支配者であるような誰かのものだからです。「支配者である王様は、領土を持っている。王様のものである領土は、王様の持ち物の国である」というのが古い「国家」の考え方で、「state」であるような国家は、「国家は、国家を作った人や、他人の作った国家を奪った人のものである」という考え方で出来ています。

「Islamic State」である「イスラム国」は、「カリフ」というポジションの人物が、宗教的と政治的の両面に対して最高の権威者であるという、古いイスラムの制度を踏襲《とうしゅう》しています。英語で自分達のことを「Islamic State」と言っているのですから、「イスラム国」はそのトップである「カリフのもの」と言ってもいいようなもので、カリフが「我々の領土はもっと広くていいものである」と言ってしまえば、そこでもう外への侵攻は始まってしまうのです。

「国」はなかなか国民のものにならない

漢字一字の「國」は、「state」系の「支配者のもの」です。漢字にはそういう考え方の「国」しかなくて、「国民」であるような人がいたとしても、それは「支配者のもの」である国にひざまずく人」だけです。漢字には、「支配者のものではなくて国民のもの」であるような国民国家を表す、一文字の「クニ」はありません。

ただ、漢字には、辞書に載っている正字《せいじ》と言われる正しい字体の他に、辞書には載っていないが世の中で勝手に通用してしまっている俗字《ぞくじ》とか、「字体は違っているが同じ字」というようなヴァリエーションがいくつもあります。

クニガマエの中に「或」を入れるのが正字の「國」ですが、代わりに中に「王」を入れても同じ字で、俗字にはクニガマエの中に「民」を入れた「クニ」もあります。そういうものもありますが、でも国の正しい漢字は、支配者が城壁の中で武器を構えている

「國」です。

前にも言いましたが、「国」というのは第二次世界大戦後の一九四九年に新しく制定された、日本だけに通用する新しい漢字です。戦争が終わって、軍国主義だった日本のあり方が変わり、「支配者が城壁の中で武器を構えているのじゃおかしい、國の字体を変えよう」ということで変わったわけではありません。一九四九年のこの時に、「字画の多すぎる漢字はむずかしそうに見えるから、字体を変えよう」と政府が考えて決定した結果です。「國」が「国」になっただけでなく、「學」が「学」になったり、「藝」が「芸」になったり、「戀」が「恋」になったりで、多くの漢字の字体が変えられました。「國」が「国」になったのは、「字画を減らそう」という理由だけです。「国」という漢字は、「囗《くに》」の中に「大切なもの」である「玉」がある、それが「国」だということを表すのかもしれませんが、字画でいうと、「囗」の中に「民」を入れても、画数的には同じです。

「もう民主主義国家なんだから、囗の中にあるのは〝王〟じゃなくて〝玉〟だろう」という考え方はあったのかもしれませんが、どうして「民主主義国家なんだから、中に〝民〟を入れるべきだ」という考えは採用されなかったのでしょう？　それはきっと、「囗」の中に人を入れてもしょうがないと思ったからです。

ためしに「人」を入れてみます。「囚」です。「人のいる民主的な国家」ではなくて、「囲いの中から出られない囚《とら》われ人」です。「囗《くに》」というものは、そもそも「境界を仕切った支配者のもの」で、「囲い」で「城壁」です。「囗」の中に「民」や「人」を入れたってどうにもなりません。「囗」の中に「民」を入れても、「民が逃げ出せない国」で、だったらいっそ、「民をひざまずかせる邑の国」の方がましかもしれません。

そもそもの「囗《くに》」がそういうものなので、誰かの陰謀でもないのに、ただ「国家を考える」をしていると、国家はなかなか「我々国民のものである」ということと馴染《なじ》んではくれないのです。

「国」と「国家」はどう違う？

ここまで私は、普通に「国家」という言葉を使っていますが、「国」と「国家」はどう違うのでしょう？　ここからは「古代中国の漢字の話」ではなくて、「国（國）」という漢字を使うようになった日本の話になります。

漢字には、「郡」とか「県」とか「省」とか「州」という、地方の行政区画を表す文字がいくつもあります。日本の「省」は、「財務省」とか「文部科学省」というような、政府の行政機関を表す文字ですが、中国では今でも地方の行政区画を表すもので、だから「山東省《さんとう》」とか「河北省《かほく》」という使い方をします。

「州」は「アメリカのミズーリ州」という時に使う「state」の訳語です。「stateだから国だ」というわけではなくて、アメリカの「state」は、独立性が強くてそれぞれに州法を持っているから、「州」を使えばいいだろうと明治時代の日本人が考えたのです。

明治時代は西洋諸国の言葉を漢字を使って翻訳した時代で、漢字に詳しいインテリがやたらといたのです。

「郡と県と省と州とでどう違う?」と言われても、簡単には説明出来ません。どうしてかと言うと、最初の統一王朝の秦以来、中国では王朝がいくつも変わって、そのたびに地方統治のシステムが変わるので、行政区画の名称だって時代によって違うのです。

時代によって違うから、それぞれの行政区画を表す文字の違いというのは分かりにくいのですが、日本人にとってそれが分かりにくい理由は、別のところにあります。というのは、日本には「地方の行政区画」というものがあまり存在しないからです。

「県」は、日本で一番ポピュラーな地方の行政区画の一つのはずですが、明治時代になるまで、日本に「県」はありません。中国を最初に統一したのが始皇帝で、中国の地方行政も彼から始まりますが、その行政制度は「郡県制」と言われるものです。中国全土をいくつかの「郡」に分けて、その下に複数の「県」を置きました。「県」より大きい区画が「郡」です。

ところが日本は違います。日本では「神奈川県足柄上《あしがらかみ》郡」のように、「県」は「郡」

の上にあります。「上」という言い方が悪ければ、「県の中にいくつもの郡がある」です。どうしてそうなるのかと言えば、日本での「郡」は、伝統的に「二番目の地方行政区画」だったからです。

では、日本の「一番目の地方行政区画」はなんでしょう？ 意外かもしれませんが、それは「国」です。

たとえば、明治時代になるまで、群馬県は「上野《こうずけ》の国」でした。だからその時代に群馬県は「上州《じょうしゅう》」とも言われました。「上野の州《くに》」です。神奈川県は「相模の国」なので「相州《そうしゅう》」、長野県は「信濃の国」なので「信州《しんしゅう》」です。昔は「日本六十余州」という言い方をしましたが、日本にはそれだけの数——六十八の「州＝国」があったのです。その各地に「独自の法」があったわけではありません。日本人は昔からカッコつけたがり屋なので、気取って中国風に「上州」というような言い方をしただけです。

今では新潟県の一部の佐渡島も、昔は「佐渡の国」で「佐州《さしゅう》」、兵庫県の一部の淡路島も「淡路の国」で「淡州《たんしゅう》」です。明治になって「県」が生まれるのは有名な廃藩置《はいはんち》県《けん》のおかげですが、この言い方はあまり正確ではないように思います。なぜかと言うと、江戸時代には「藩」ではない幕府の直轄地《ちょっかつち》である「天領《てんりょう》」もあったからです。「佐渡の国」は、その天領の一つです。廃止されたのは「藩」だけではなくて、天領というシステムも同じですから、「廃藩」だけではすみません。「藩」や「天領」も含めて、古くからあった「国」という行政区画の名称も廃止されてしまいました。「廃藩置県」は同時に「廃国置県」でもあるのですが、まァ、縁起の悪い言い方なので、そんな言い方はしないのでしょう。

とにかく、奈良時代になる少し前に大宝律令《たいほうりつりょう》が出来上がって以来、日本の地方行政区画の第一は「国」でした。それが明治時代になって「県」に変わり、使われなくなったので、「上野の国」とか「相模の国」という言い方は、「旧国名」ということになったのです。

というわけで本題ですが、日本の各地にいくつもの「国」があった時代、日本人は

「日本という国」と「日本の各地にあった複数の国」をどのように理解していたのでしょう?

私は分かりませんし、その当時の人達が二種類の「国」の違いを意識していたようにも思えません。どうしてかと言うと、日本の各地に「国」があった時代、日本はあまり外国と接触をしていないので、「日本国」というトータルなアイデンティティが必要ではなかったのです。だから、「日本の国」と、たとえば「信濃の国」の二つの「国」の質に違いがあってどう違うのかということを、考える必要がなかったのです。

でも、ここまで来て「昔の日本には二種類の〝国〟があったが、昔の日本人はこの二つに区別をつけなかったし、私も知らない」ではおさまらないので、区別をつけます。「日本という国」と「日本の各地にあった国」の違いは、「家」の字がついて「国家」になれるかどうかの違いです。

昔の日本の「家」は、「村」と同じような人間の生活集団の一つで、そこには「家長」というリーダーがいます。「家長」というのは大体父親で、「家」は家長のものです。

そういう家長制度、あるいは家族制度は、第二次世界大戦が終わるまで続きました。「国家」は、そういう「家」なのです。

昔の日本人にとって、「国」というのは行政区画の単位でした。各地にある複数の「国」は地方の行政区画で、「日本という国」は、全体の行政区画でした。地方の行政区画ですから、地方の「国」を私物化して「自分のもの」にする支配者はいません。そこを管理する役人がいるだけです。

地方の「国」は行政区画の単位で、そこに支配者はいません。それが中国と日本の違いのはずですが、しかし「家」が家長のものであることは、日本も中国も変わりませんでした。だから、「家」がついて「国家」になると、それは「〝国〟という〝家〟の家長のもの」になるのです。

では、その「国」という「家」の家長は誰か？　日本では、昔から天皇です。だから、ただ一つの「国家」になりうる「日本という国」は、「天皇のもの」だったのです。

長い間「国家」と無縁だった日本

でも、明治時代になって「国家」という言葉が定着するまで、日本の歴史に「国家」の二文字はほとんど登場しません。

「〝律令国家〟という言葉があるじゃないですか」と言う人もあるかもしれませんが、この言葉は「国家」という言葉が定着する明治時代から後になって出来上がった言葉で、奈良や平安時代の人達がこんな言葉を使っていたわけではありません――と言っても、私は直接その時代に行って見たり聞いたりしたわけではありませんが。

その時代の人が「国家」の単語を使うとしたら、「律令国家」ではなくて、仏教系の「鎮護《ちんご》国家」という言葉でしょう。仏教には「国を護るための経典」という種類のものがあって、やばい事態が続いた時、国の安全と事態の鎮静化を祈るためにこの経典を読みました。国家を「巨大な家」と考えて行う、「家内安全」のお祈りですね。

その後に「国家」という言葉が登場する有名なシチュエイションは、江戸時代の初めにあります。豊臣秀吉は、京都に大仏のある方広寺《ほうこうじ》という寺を建立《こんりゅう》しました。これはすぐに地震で壊れてしまいますが、秀吉の死んだ後、息子の秀頼はこの寺を再建し、立派な釣鐘も奉納します。その釣鐘の銘の中に「国家安康《こっかあんこう》」という四文字があって、徳川方は、これを「〝家康〟を二つにする――殺すという意味の呪いだ」とこじつけていちゃもんをつけます。そのことを理由にして始められるのが、大坂冬の陣です。

当時、徳川家康は征夷大将軍《せいいたいしょうぐん》でしたが、豊臣秀頼は右大臣でした。どちらも「日本国に唯一の政治機構」だった「朝廷」の官職《ポスト》ですが、序列としては二十歳の秀頼の右大臣の方が、五十歳も年上だった家康の征夷大将軍よりずっと上です。でも、源頼朝《よりとも》が征夷大将軍になって鎌倉に幕府を開いて以来、征夷大将軍というものは「朝廷に代わって政治を行う組織である、〝幕府〟というものを作れるポスト」になってしまったのです。

つまり、源頼朝以来、武士のリーダーが征夷大将軍になってしまうと、朝廷は仕事を取られて、「有名無実の組織」になってしまうことになったのです。

天下統一を達成する前に死んでしまった織田信長は、死んだ時には右大臣になっていました。彼がもう少し生きていたら征夷大将軍になったかどうかは分かりませんが、織田信長は幕府を開きませんでした。信長の後に天下を統一した豊臣秀吉も、天皇を補佐する「関白《かんぱく》」という朝廷の最高位のポストに就いて、幕府を開こうとはしませんでした。

家康が征夷大将軍になったのは、秀頼が十歳の時です。家康がなるまで、三十年間征夷大将軍はいません。家康の前の征夷大将軍は、戦乱の世になってもなんにも出来ないままだった室町幕府の、織田信長に追放されて攻め滅ぼされてしまった最後の将軍、足利義昭《よしあき》です。室町幕府を滅ぼした後で織田信長は右大臣となり、幕府を開くことなく死んでしまいました。

秀頼は、関白となった秀吉の息子です。もしかしたら彼は、「征夷大将軍になって幕府を開くなんてダサイじゃん。第一、僕は武士なんかじゃないもん」と思って、右大臣をやっていたのかもしれません。

右大臣は、関白、左大臣に次ぐ朝廷で三番目のポストで、秀頼は完全に「朝廷の人」です。そう思っていたはずです。秀頼にとって、「天皇のもの」であり自分が所属する朝廷が動かす「国家」が、「安康（安らかなこと）」であるのを祈るのは、当たり前のことだったでしょう。でも、これにいちゃもんをつけた家康が祈るのだとしたら、「国家安康」ではなくて「天下安康」だったでしょう。

「国家」だと、これは形式上「家長」である天皇のものです。でも、「天下」は誰のものでもありません。「天下」は「天皇の下」ではなくて、神様でもあるような「天」の下で、「お天道様《てんとう》」の「天」の下です。戦国時代になって各地に争いが起り、日本中がバラバラになっていた時、有力な大名達が目指したのは、「国家統一」ではなくて、「天下統一」でした。「天下」には実質があるけれど、朝廷が管理する「国家」には実質がないから、目指すものは「天下統一」だったのです。

「天下」は誰のものでもないから、「俺が統一する！」と言えますし、その統一を実践して「武士のリーダー」になって征夷大将軍になると、「天下＝日本全体を、朝廷に代わって管理してもいいよ」と、天皇の朝廷から認められてしまうのです。

日本を「国家」と考えると、「天皇のもの」です。でも、日本全体を「天下」と考えると、これは「征夷大将軍になった徳川家康のもの」と考えてもいいのです。でも、だからと言って、「天下は徳川家康のものだから、そこから家康の独裁が始まり、すべての日本人は家康や、その後を継いだ徳川将軍達に忠誠を誓わなければならなくなった」ということにはなりません。それは、近代の国家観を江戸時代に当てはめただけの間違いです。

普通の日本人は誰にも忠誠を誓わない

最大の間違いは、「忠誠を誓う」というところで、主君に忠誠を誓うのは武士だけで、百姓や町人はそんなことをしません。ただ、将軍や大名の領地となった場所に住んでいるだけです。そりゃ、「下に、下に」という大名行列が通れば地べたに座って頭を下げたりもするでしょう。でも、それは「礼儀」であって、「忠義」とか「忠誠」とは違います。「たまたまそういうのに出合ってしまった。しょうがねェなァ」という質のものです。

江戸時代に、大名達は幕府から、各地の「藩主」に任命されます。前にも言いましたが、江戸時代にはまだ各地に六十八もの「国」が存在しています。だから、「藩主となる大名は〝一つの国に一人〟」なんていう風に考えるかもしれませんが、でも実際は、一つの「国」の中がいくつかの「藩」に分かれていて、それぞれの「国」に複数で大名――つまり殿様がいるのは普通でした。

たとえば、四国の高知県は、昔は「土佐の国」です。ここには山内《やまのうち》家の殿様が治める土佐藩一つだけがありました。これに対して、同じ四国でももっと面積が小さい香川県は、昔は「讃岐《さぬき》の国」で、ここには松山家の殿様の高松藩と、京極《きょうごく》家の殿様の丸亀藩の二つがありました。

江戸時代に「藩」は、地方の行政区画ですが、古くからの「国」はなんなのかというと、「行政区画の意味を失った、単なる昔ながらの地域区分」です。

そういうことを言うと、「意味がないのに、なんで残ったんだ？」という疑問を持つ人もいるかもしれません。「昔ながらの地域名」でしかないものがなぜ残ったのかと言うと、そこには「武士と武士以外の人間の感覚の差」があったからでしょう。

たとえば、武士だったら「高松藩の者です」というような自己紹介の仕方をします。でも、町人や百姓だったら、「松山の殿様のご領内に住む者でございます」という形になります。武士は「正規雇用の高松藩士」ですが、町人や百姓は、高松藩に仕えているわけではない、その領地内に住んでいるだけの「非雇用」なのです。

だから、江戸時代の大名の転勤である、幕府による配置替えの「転封《てんぽう》」があると、殿様は藩全体の家臣を連れて新しい任地へ移って行きますが、そこに住んでいる百姓や町人はそのままです。「お名残り惜しゅうございます」なんてことを彼等が言ったとしても、武士じゃない人間にとっては関係なくて、「じゃね♡」程度のものです。そういうことになるのは、武士じゃない人間は、「殿様に従う」ではあっても、「殿様に忠誠を誓う」なんていう必要がないからです。

武士ならば、どこへ行っても「高松藩に仕える者でござる」で通用しますが、高松藩の領内に住む百姓や町人がそこから遠く離れた場所にやって来たら、「讃岐の国から参りました」とか「讃岐の者でございます」と言うのが普通で、「讃岐はどちら？」と聞かれたら、そこでやっと殿様のお城のある地名を出して「高松でございます」と言うんじゃないかと思います。

どうしてそう思うのかと言うと、「藩」というものが「武士同士の取り決め」で出来上がっている行政区分で、武士じゃない人間にとっては、「そんなもの、こっちにはあんまり関係ないもん」になってしまうからです。理由はその程度の消極的なもので、武士以外の人間達が、「ここは武士達が集まる幕府の支配地なんかではない。朝廷の管理下の行政区分の〝国〟だ」と思っていたわけではありません。

なぜかと言えば、各地にある「国」が「朝廷に属する行政区画」であるためには、そこに国守《くにのかみ》をトップとする国司《こくし》という役人達が朝廷から派遣されて来なければなりません。でも、鎌倉幕府が出来る平安時代の終わり頃には、そのシステムが機能しなくなります。どういうことかと言うと、国司というものはその「国」に税金の取り立てにやって来るのに、平安時代の終わりになれば、各地の武士が「なんでそんなものを収める必要があるんだよ」と不払い運動を起こしたり、国司が徴集するはずのものを横取りしてしまったからです。もちろん、そんな状態になる前から、国司自身で朝廷に収めるはずのものをネコババしていたりもしましたが。

鎌倉幕府が出来てからはもう「武士の時代」で、「国」というものは行政区画としてなんの機能も果たしていません。江戸時代になってから、武士が「水野越前守《えちぜんのかみ》」というように国司の肩書を使っているのは、「ただの肩書」以外に意味のないものです。だから、「ここは、朝廷に属する行政区域だ」という主張をそこに住む武士以外の人間がするということは、「ここは武士の支配地でも朝廷の支配地でもない、我々だけで統治する共同体だ」という主張をしていることに近いのです。もちろん、そういうものは「天下」を統一する武士の力が強大になれば、自然と消滅するしかありませんが。

私の話は、すればするほど「なんかへんだな――」と思うような不思議なものになっているのかもしれませんが、それを解決するために必要なのは、前に言った「国家には二種類がある」ということです。

「国家」には、「領土＝国家」のstate系のものと、「国民＝国家」のnation系のものの二つがあって、ここまで私が「国」だ「天下」だ「藩」だと言っていたものは、すべてstate系の「領土＝国家」的な考え方によるものなのです。つまり、武士達は「領土」となる土地だけを問題にしていて、そこに住む人間達は二の次だったのです。

だから、そこに住む武士以外の人間達は、「上の方じゃなんかやってるけど、こっちに迷惑かけなきゃ関係ねェもんな」になってしまって、「武士の方は〝藩〟なんてのをやってるが、こっちは昔ながらの〝国〟でいいよな」になってしまうのです。

意識としては、「誰かの支配地であるような〝行政区画〟の中に住んでいるわけではないから、〝従え〟と言われればしょうがないから従うが、こっちとは関係ない〝支配者〟に、忠誠なんか誓う必要はないよな」ということで、「国家って、なんかピンと来ないよな。あんまり関係ないよな」という、日本人には普通のメンタリティは、そうして出来上がってしまうのです。

第二章　日本で「国家」が始まる

日本に「国家」がやって来た

江戸時代まで、普通の日本人にとって、「国家」というものは、「どこかにあるのかもしれないけど、こっちとは関係ないから知らないよ」のものでした。

どうして「関係ないから知らないよ」ですんでいたのかというと、日本には「幕府」というものがあったし、「日本全体」を表す「天下」という便利な言葉もありました。

既に「国」という言葉は「昔ながらの地域を指す言葉」になっているので、今更出番はありません。江戸時代が終わり、将軍様がいなくなって、徳川幕府がなくなっても、普通の日本人が考えることは、「これから日本はどうなるんだろう？　誰が〝天下〟を治めるんだろう？」ということだけで、「我々のこの国はどうなるんだろう？　我々はこの新しい時代に向けてどうすればいいんだろうか？」なんて考えません。考えたって、なんだか分からないから無駄なのです。

なんでそんな情けないことになるのかというと、「国家」というトータルな考え方が、一般に浸透していないからです。「国家」という考え方がないんだから、「国民」という考え方もありません。だから当然、「国民が国家を作る」という、「国家＝nation＝国民」である国民国家のあり方なんか、分からないのです。

そもそも、「日本全体」を一まとめにする考え方がないのです。どうしてかと言うと、日本人は「日本人」である前に、「武士」だったり「町人」だったり「百姓」であったりするような、階層ごとの捉え方しかしていないからです。

海の向こうから外国船がやって来て、いやでも「我々＝日本」というアイデンティティを外との関係で意識せざるをえなくなったのが幕末の日本ですが、そういう時に「我々日本人」などという考え方をするのは、支配階級である「武士」だけです。

そんな考え方をするのは、「武士」という一部の日本人だけで、日本に多くいる百姓や町人は、まずそんな考え方をしません。「幕末の志士」というような人達が「新しい時代を作るんだ！」とか言って頑張っても、それは「武士」という階層に属する人だけがすることで、百姓や町人はなんにもしません。精々、追われた志士が隠れているのを見つけて、「お侍様、こちらへお逃げなさいまし」と言うか、財布を出して「これをなにかにお役立て下さい」と言うくらいです。

明治維新というのは、そういう一部の限られた「日本人」のやったもので、日本の近代国家というものもそういう人達によって作られたものだから、それで「国家」というものには、江戸時代以来の「普通の人とは関係ないもの」というイメージがくっついてしまうのですが、でも、日本は「国家」になったのです。

日本の外には「西洋諸国」という外国があって、それへの対抗上日本も「国家」になっていないとまずいのですが、では、江戸時代の日本人には関係のなかったはずの「国家」は、日本にいつどうやって出現するのでしょうか？

これが「日本はいつ近代国家になったのか？」という話だと、面倒になります。明治二十二年（一八八九）に大日本帝国憲法が発布された時なのか？　それともその翌年に初の衆議院議員選挙があって、第一回帝国議会が開会された時なのか？　それとも、昭和になって戦争が終わり、軍国主義体制が崩れて新しい憲法が制定された時なのか？あるいはまた、「日本はまだ近代国家なんかじゃない！」だったりするのか？

話が複雑で面倒になるのは、なにをもって「近代国家成立」とするのかという規定が人によってまちまちだからです。だから、「これでもう近代国家なんだ」「いや、こんなもん見せかけだけで近代国家なんかじゃない」という議論にもなったりするのですが、私は「いつ日本は近代国家になったんでしょうか？」と言っているわけではないのですね。「国家安康」の文字がある釣鐘を奉納した豊臣秀頼が大坂の陣に敗れて以来、「天下」は徳川家の将軍のもので、「国家」の出番はなくなっています。「近代国家」に変化するようなものはその「国家」なのですが、出番をなくしていた「国家」はいつ出現したのでしょうか？

王政復古《おうせいふっこ》と大政奉還《たいせいほうかん》

「〝国家〟なんか知らないよ」だった江戸時代にいつ「国家」が出現してしまったのかというと、この答は簡単です。今使われている太陽暦で言うと、その年の秋になって「明治」と改元される、慶応《けいおう》四年（一八六八）の一月三日です。この時に京都の御所で、「王政復古の大号令」というものが読み上げられました。日本に「国家」は、この時に復活したのです。

江戸時代の最後には、明治維新を迎えるための二つのステップ、「大政奉還」と「王政復古」がありました。「王政復古」の二カ月前にあった「大政奉還」は、将軍徳川慶喜《よしのぶ》が、「政治の全権を朝廷に返還する、征夷大将軍《せいいたいしょうぐん》も辞職する」と願い出たことで、「王政復古」は、明治天皇のいる朝廷の方から、「これからは天皇が日本の政治の中心になる」という宣言が出されたことです。

「慶喜が将軍を辞めたら、自動的に天皇は政治の中心になるはずで、大政奉還と王政復古は同じことなんじゃないですか？　違うなら、どう違うんですか？」とお思いの方もあるかもしれません。でもそれは、「政治というものは具体的なものである」ということを知らない人の考え方です。

政治には、組織が必要です。だから、「今日から天皇が政治の中心です」なんてことを言ったって、長い間政治を征夷大将軍の幕府に任せっぱなしにしていた天皇の政治組織――朝廷にはなんの力もありませんし、しようったってなんにも出来ません。だから、「私は嫌われてるんでしょ？　分かってますよ。もう政治やめますよ。征夷大将軍だって辞めますよ」とばかりに、政治の実権を朝廷に返してしまった徳川慶喜は、そう言いながら、「私、やめますよ。いいんですか？　誰が政治を実際にやるんですか？　出来るんですか？」と脅しているのです。

政治の厄介なところは、具体的な現実を対象としているくせに、一方で非常に形式的なところです。私はさっき、徳川慶喜は「政治の実権を朝廷に返還する、征夷大将軍も辞職する」と願い出たと言いました。征夷大将軍が「朝廷に代わって政治を行うポスト」であるのなら、「政治の実権を朝廷に返還する」と「征夷大将軍を辞任する」は同じことのはずで、「なんだって同じことを繰り返すんですか?」と思う人もいるかもしれません。でもそこが、政治の持つ形式的なところです。

征夷大将軍というのは、「朝廷とは別のところに幕府を開いて、政治をやっ̀て̀も̀い̀い̀」というポストなのです。だから、幕府を開かなくても、朝廷に代わって政治をやらなくてもいいいのです。ずっと昔の征夷大将軍だった坂上田村麻呂《さかのうえのたむらまろ》は、当時の日本の東側にあった「蝦夷《えぞ》地」と呼ばれる部分を征圧しただけで、幕府を開いたりなんかしていません。

征夷大将軍の「征夷」は「野蛮なやつらを征圧する」ということで、源頼朝《よりとも》が征夷大将軍となって鎌倉に幕府を開いたということは、文字通り解釈をすれば「夷《い》(野蛮人)である武士を征圧して、これを統治した」ということになります。なにしろその昔、東国の武士は「東夷《あずまえびす》=東国の野蛮人」と呼ばれていたのですから。

回り道が多くて申しわけありませんが、征夷大将軍は、そういう「政治をやってもいい、やらなくてもいい」というポストだったのです。だから、大政奉還をした徳川慶喜には、「政治の実権はお返しします。でも、朝廷からいただいたポストなので、征夷大将軍の方はい、た、だ、い、た、ま、ま、にします」という選択肢もあったのです。

ただ、幕府と朝廷が対立していた時ですから、そんなことをしたら、「慶喜には野心がある！　大政奉還なんてうそだ！」と朝廷側の人間に言われてしまいます。それで、「政治の実権をお返しします、征夷大将軍も辞めます」という、同じことの繰り返しのようなことを言ったのです。つまり、そういう形式上のめんどくささがあるということは、探せば抜け道なんかいくらでもあるということなのです。

大政奉還で征夷大将軍を辞任した徳川慶喜の側は、「私が将軍を辞めて幕府が機能しなくなったら、朝廷の方だって困るだろう」という予測に立って、次の一手を考えていました。幕府と朝廷の対立はあっても、まだそのどちらに付くとも決めていない大名達は何人もいます。何人もではなく、大多数の大名が立場を曖昧にしています。だから、この大名達を集めて「諸藩連合」とか「諸侯会議」というようなものを作って、慶喜が

「将軍」ではない、まとめ役の「議長」というようなものになって、天皇の下で政治をやるということにする計画です。

「それは、幕府をやる征夷大将軍とどう違うのですか？」と言われれば、「名前が違うし、細かいところでいろいろと違うはずです」という答えが返って来るようなもので、実際はあんまり変わりません。「名前を変えれば、なにかをやったような気になる」というのが、政治の形式主義の最たるものです。

そういう「その先のこと」も含めた形式上の辞退が大政奉還だったので、政治上の権限を放棄するように見せて、慶喜の立場は温存されます。「それじゃ困る」というので出て来るのが、「大政奉還」の二カ月後の「王政復古」です。

「この先どうするか」の方針を将軍の側だけに出させていると、将軍が復権する抜け道を与えることになってしまうと考えた朝廷側が、「今後の方針を決める」と言って出したのが、「王政復古の大号令」で、つまり、「これからは天皇が政治の中心にいる。もう幕府や将軍や、もっと古い摂政《せっしょう》とか関白の出番はない」という、天皇側の宣言です。

「一体なんの話をしているんだ?」とお思いかもしれませんが、話は「どうして江戸時代の終わり頃に、突如として〝国家〟は出現してしまったのか」ということの続きです。

以前の話を思い出してほしいのですが、天皇は「国家」という家の「家長」です。これまでの長い間は、その「家長」がいるんだかいないんだかよく分からない状態だった日本が、「朕《わたし》が政治の中心だ」という天皇側の「王政復古宣言」で、突如「日本という家の家長」に天皇がなってしまった――というよりも「復活した」なのですが、天皇が政治の中心である「家長」ということになったので、その必然として、今まであまり「国家」である必要のなかった日本が、「国家」になってしまったのです。

こういう話を聞かされても、「そうですか」と思うより、「なんだか騙《だま》されているような気がする」と思うでしょうが、政治というものは、形式と手続きで出来上がっているので、そういうことになってしまうのです。

明治の「国家」は天皇のものだった

というわけで、「王政復古の大号令」によって、「〝国家〟なんか知らないよ」だったはずの日本に、突如「国家」は登場してしまいました。江戸幕府の時代は終わって、その先は明治時代ですが、明治時代になって、「国家」は天皇のものです。

「いつ誰がそんなことを決めたんですか？」と言われても、「國」という文字がそもそも「支配者の領域」を表すもので、「國家（国家）」になれば「家長」がいて、「国家は家長のもの」で、日本でその「家長」のことを「天皇」と言ったので、「国家は天皇のもの」なのです。

遠い昔にそういう設定が出来上がっていて、征夷大将軍が出て来ても、誰も最初の設定を上書きして「変える」ということをしなかったので、天皇が「朕《わたし》が政治の中心だ」と言って、それを支えて実現する組織が出来上がってしまえば、「日本という国家は天皇のもの」なのです。

「俺が征夷大将軍を辞めたら朝廷は困るだろう」と思って大政奉還をしてしまった徳川慶喜は、征夷大将軍であると同時に、朝廷で四番目のポストである内大臣《ない》で、こちらの方は辞めませんでした。だから慶喜は、朝廷に足掛かりを残していたのですが、天皇を支えて王政復古を実現させてしまった反徳川の公家《くげ》や薩摩《さつま》藩と長州藩の勢力は、朝廷そのものをなくしてしまいました。そうして出現した「国家」を支える新しい組織が、「政府」なのです。

「明治維新政府」とか「明治政府」という言い方はよくしますが、「政府」という言葉は、王政復古の後になって初めて登場する新しい日本語で、「明治政府」という言い方は「徳川幕府」とか「室町幕府」という言い方と同じなのです。ちなみに、「王政復古の大号令」を発することを了承した天皇は、今の高校一年生と同じ年頃の、十五歳半の明治天皇です。その前年に即位した明治天皇は、「お姫様みたい」と言われる華奢《きゃしゃ》な人でした。

「王政復古の大号令」によって日本が「国家」になり、「天皇＝国家の家長」というあり方が復活して、「国家」を支える「政府」という政治組織が出来てしまえば、この「国家」は完全に「天皇のもの」です。そうならないことを考える方が、むずかしいのです。

だから、明治二十二年に発布された「国家のあり方」を規定する大日本帝国憲法は、「日本という国家は天皇のもの」ということを、真っ先に明記するのです。

大日本帝国憲法の第一章は「天皇」と題されるもので、第一条は《大日本帝国は、万世一系の天皇之《これ》を統治す。》です（カタカナの原文をひらがなに直しました）。《万世一系》というのは、「血筋はずっと一つにつながっている」という、「由緒正しい」に関する表現です。

続く第二条は《皇位は、皇室典範《こうしつてんぱん》の定むる所に依《よ》り、皇男子孫之を継承す。》という「皇継承は男子に限る」の規定で、続く第三条は有名な《天皇は、神聖にして侵すべからず。》です。

《天皇は、神聖にして侵すべからず。》という規定は、やがて「天皇は人の形をした神

——現人神《あらひとがみ》だ」にまで発達して、「神様の言いつけなのだ」と思った日本人が、催眠術にかかったみたいな状態で不毛な戦争に突き進んで行ってしまうことは有名ですが、大日本帝国憲法はそれどころではなくて、「なんでもかんでも天皇のもの」なのです。

天皇がなんでも出来る憲法

大日本帝国憲法第一章第三条に続く第四条は、《天皇は国の元首にして、統治権を総《そう》攬《らん》し、此の憲法の条規に依り之を行ふ。》です。《攬》は「手に取って持っている」で、《総攬》だから、「天皇は国を統治する権利をすべて持っている」です。

その権利を行使するには、《此の憲法の条規に依り》で、「この憲法の条文に従って」ですが、だからと言って大日本帝国憲法が天皇の権利を制限しているわけではありません。この憲法が「天皇の出来ること」ばかりを列記するのなら、天皇はなんでも出来ることになって、つまりは、「天皇がなんでも出来ることの根拠はここにそう書いてあるからだ」なのです。法律の条文はそのように機能します。

だから、後に続く第五条から第十六条までは、その「天皇の出来ること」ばかりです。

第五条は、《天皇は、帝国議会の協賛を以《もっ》て立法権を行ふ。》です。現在の三権分立制では、法律を作る権利――立法権は国会にありますが、大日本帝国憲法で法律を作る権利を持っているのは天皇で、国会はこれに協力するだけです。

ということになると、議会にはどれだけの権限があるのかということになりますが、それが「天皇の立場から見たもの」として、この後に書かれています。

第六条は、《天皇は、法律を裁可《さいか》し、其《そ》の公布及《および》執行を命ず。》ですが、立法権は天皇にあるのですから、ここで言う《法律》は議会で決められたものとは限りません。《裁可》というのは、法律の内容を判断して「よろしい」と許可を出すことですから、議会で法律を可決しても、天皇が「だめ！」と無効にしてしまうこともありです。生徒会で決めたことを、校長先生が「だめだ」と言ってひっくり返してしまうのと同じです。

「立憲制政治」とか「立憲君主制」という言葉があります。「立憲」というのは、「憲法を制定すること」ですから、「立憲制政治」というのは、「憲法を制定した政治」で、「立憲君主制」というのは、「憲法を制定して行う君主政治」だと思われるかもしれませんが、それは正解の半分にも届きません。

日本は、伝説的な聖徳太子の十七条憲法以後、大日本帝国憲法まで、「憲法」というものが存在しません。だから「憲法」の意味がよく分かっていないのですが、日本もそれを取り入れた「近代国家」の本場である西洋で、「憲法」というものは、勝手な暴走をしかねない政治権力に拘束をかけるものなのです。

だから、「立憲制政治」というのは、「憲法によって政府が拘束される政治」で、「立憲君主制」というのは、「憲法によって君主（支配者）の力に制限が加えられる政治制度」なのです。「大日本帝国憲法の制定によって、日本の政治は近代的な立憲君主制になった」などという風に思われたりもしますが、大日本帝国憲法は「天皇の力を縛るもの」ではないので、明治の日本は「立憲君主制」なんかでは全然ありません。

大日本帝国憲法の「天皇に関する条文」ばかりを続けても退屈になると思うので、今度はその当時の「日本国民のあり方」はどう記述されているのかを見ます。それが「第一章　天皇」に続く第二章ですが、そのタイトルは「臣民権利義務」です。「臣民の権利と義務」がどういうものであるのかは、第十八条から第三十二条にまでわたって書かれていますが、重要なのはその内容なんかではなくて、《臣民》という二文字です。《臣民》というのは、「臣下である人民」ということで、この当時の日本には、法律上「国民」というものはいなくて、国民はすべて「天皇の臣下」である《臣民》なのです。江戸時代だと、「幕府の臣下」は武士だけです。町人や百姓は「その他大勢」です。でも、明治になってしまうと、日本人の全員が「天皇の臣下」なのです。

臣下の立場で、どうして君主様に制限が加えられるでしょうか？　だから大日本帝国憲法は、「日本は天皇のもの」で、「天皇はなんでも出来る」になっているのです。

天皇も国民のように騙される

しかし、誤解されると困るので言っておかなければならないことがあります。それは、

「天皇はなんでも出来る」ということになっていた大日本帝国憲法下で、天皇が実際になんでも出来ていたわけではないということです。

「王政復古と大政奉還」のところで、《政治というものは、形式と手続きで出来上がっている》と言いました。憲法というのは、その「形式と手続き」を語るものでもあるのですが、「天皇はなんでも出来る」というのは、大日本帝国憲法の語る建て前で、大日本帝国憲法の記述は、「天皇はなんでも出来る建て前になっている」と解釈されるようなものなのです。

大日本帝国憲法の第六条には、《天皇は、法律を裁可し――》とありましたが、「なんでも出来る」という天皇のあり方は、この《裁可》というところに典型的に表れます。つまり、天皇が「よろしい」と言えばなんでもＯＫで、「だめだ」と言えばなんでもダメなのが、「天皇はなんでも出来る」ということの正体なのです。

「天皇はなんでも出来る」と言っても、天皇はわがままな王様とは違いますから、「気に入らないあの大臣をクビにしろ！」なんてことは言いません。「なんでも出来る」の天皇は、ある意味でなんにもしません。ただ、国家の物事を最終的に決定する権利を持っているというだけです。

天皇は「天皇御璽《てんのうぎょじ》」と刻まれた大きなハンコを持っていて、重大なことにはすべてこのハンコが押されます。「璽」というのは玉《ぎょく》という石を刻んだハンコで「天皇御璽」とは「天皇之印」ということです。そのハンコが押してあればOKで、押されていない書類は無効ということになります。サラリーマンの世界で、「部長、ハンコお願いします」と言われて、言われた部長がその書類にハンコを押せば物事が通るというのとおんなじですが、天皇のハンコは、会社で言えば代表権を持つ社長のハンコと同じです。

たとえば、誰かが「社長、ハンコお願いします」と書類を持って来て言います。言われた社長は書類を読んで、「なんだこれは？　俺はこんなこと知らんぞ！」と言います――こういうシチュエイションだと、大体どこかで悪事が進行していて、社長に書類を持って行って「俺はこんなこと知らんぞ！」と言われた人間は、「でも、専務はご承知ですよ」ととぼけた顔をして言います。

社長はその「計画」を知らない。でも専務達は勝手にその「計画」を進めていて、最終的にゴーサインを出すためには、会社を代表する社長のハンコが必要なので、「押して下さい」と、その計画を承認する書類を勝手に作って持って来てしまったのですね。

なんにも知らされていない社長は、「専務を呼べ！」と言います。やって来た専務が「分かりやすい悪役」だと、「ご存じないのは仕方がないですが、でもここでハンコを押されないと、社長のお立場が危うくなりますよ」と脅します。社長が最終的な決定権を持っているから、「了承した」という意味のハンコを押してもらわないと困るので、「悪い専務」なら、脅しがきくようななんらかの裏工作をしておくわけですが、世の中の悪役のすべてがそんなに分かりやすいわけではないので、「脅しはしないけれども、社長にハンコを押させてしまう、いい人か悪い人かすぐには分からない専務」だっています。

そういう専務がなにをするのかと言うと、怒れる社長に対して説明をします。「事態がはっきりしてからお知らせしようと思っていたのですが」と、まずなんにも説明をしていなかったことへの言いわけをして、その後で社長に提出した書類には詳しく書かれてはいなかった内容の説明をします。

勘のいい人なら、その「計画」に社長が反対することを知っていた専務が、社長に隠してその「計画」の準備を進め、改めて社長が「これはどういうことだ！」と言って来た時に、分かりやすい嘘の説明をしているんじゃないか――と思われるかもしれません。その通りです。なにしろ社長は、「具体的なこと」を知らないのです。その人に「計画の詳細」を知っている人が説明をするのですから、都合の悪いところを省略して、都合のいいことを付け足したって、バレはしません。目的は「社長に分からせること」ではなくて、「社長にＯＫのハンコを押させること」なのですから、「社長を騙してでもハンコを押させてやる」になっても、不思議はないのです。

第二次世界大戦が終わって日本中に焼け跡が広がって、多過ぎる死者が出た後で、日本の国民は、日本軍が戦争に勝っていたのは初めの内だけで、日本軍は戦争に負け続けていたんだと知らされて、「騙されていた」と思います。どうしてかというと、報道が規制されていて、負けた戦闘でも「勝った」と言われたり「負けていない」と言われたり、更には「その戦闘があったこと自体を教えない」ということになっていたので、戦争をしている日本が今その時、どんな状態になっていたのかを知らなかったのです。

もちろん、大日本帝国憲法下の日本人は、みんな天皇の「臣民」ですから、なにが出来るというわけではありません。政府の方には「国民に知らせる義務」なんかありませんから、「都合の悪いことは知らせるな」ですみます。このことは「なんでも出来る」の天皇でも同じです。「戦争をしたいのです。ご許可をお願いします」と言われて、「本当に戦争なんかして大丈夫なのか?」と天皇が尋ねても、軍部の当事者から「大丈夫です」と言われてしまえばそれまでです。なにしろ天皇には、その「大丈夫」を保証するような独自のデータを得る手段がないからです。

大日本帝国憲法下で、政府は「天皇のもの」で、軍隊を率いる軍部も「天皇のもの」です。大日本帝国憲法の第十一条には、《天皇は、陸海軍を統帥《とうすい》す。》として、「軍隊は天皇のものだ」ということが明記されています。だからどうするのか? 政府と軍部は別々に天皇のものなので、政府のやることに軍部は反対出来ないし、軍部のやることに政府も反対は出来ないようになっているのです。どちらにしろ、「天皇の了承を得た」ということになってしまえば、「お前達の知ったことじゃないだろ！」と言えてしまうのです。

「国家は天皇のものだから、天皇はなんでも出来る」ということは、「天皇はなんでも出来るようになっている」ということで、「最終的にハンコを押すだけの人」になっていた天皇は、「国民と同じように騙されていた」であったりもするのです。

「国家」という言葉を使わなかった人

なぜ大日本帝国憲法が「日本は天皇のもの」にしてしまっているのかと言えば、前にも言ったように、日本が「国家」になってしまったからです。

「国家」も家だから「家長」がいるというのは、日本だけではなくて、漢字を使う東アジアに一般的な考え方で、日本の「国家の家長」は天皇です。私は同じことを何度も繰り返していますが、「でも、そうだとして、なんだか釈然としないな。騙されたみたいな気がする」と思う人はいるかもしれません。別に騙しているわけではなくて、「国家」という言葉を使うと、どうしてもそうなってしまうと私は言っているだけです。

だから、「騙されたように思いたくない」とお考えだったら、「国家」という言葉を使わなければいいのです。「なにを言ってるんだ?」とお思いかもしれませんが、この本の第一章のタイトルを思い出して下さい。「『国家』を考えない」です。

「〝国家〟という言葉を使わないで国家を考える」というと、なんだか不思議みたいですが、「国家」という言葉には、そういうトリックみたいな役割が隠れているので、「国家」という言葉を使わずに国家を考えるということは、重要なことです。明治の初め、それを実際にやった人がいます。福沢諭吉です。

福沢諭吉といえば『学問のすゝめ』ですが、冒頭の《天は人の上に人を造らず人の下に人を造らず》というところばかりが有名なわりには、福沢諭吉がここでなにを言っているのか知らない人は多いかもしれません。福沢諭吉はこの本の中で、学問をどういう、理由で、すすめているのでしょうか?

明治五年の初めに一般へ向けて出版された『学問のすゝめ』初編の最後には、こう書いてあります——。

《厚く学に志し博《ひろ》く事を知り、銘々の身分に相応《そうおう》すべきほどの智徳を備えて、政府はその政《まつりごと》を施すに易《やす》く諸民はその支配を受けて苦しみなきよう、互いにその所を得て共に全国の太平を護らんとするの一事のみ、今余輩《よはい》の勧むる学問も専《もっぱ》らこの一事をもって趣旨とせり。》

これは初編の結びとなるような文章で、「みんな勉強して頭がよくなると、政府の方も政治がしやすくなって、一般の人間も〝政府の支配で苦しむ〟ということがなくなる。そういう日本人が増えれば日本は大丈夫だと思って、私はその一点で学問を勧めるのである」ということです。一万円札の顔になっているからといって、福沢諭吉は金儲《もう》けの守護神ではありませんし、『学問のすゝめ』は「勉強すると金持ちになれるよ」と言う本ではありません。

右の文章に《全国の太平を護らん》という言葉が登場するのは、幕末に開国ということをして以来、主に西洋諸国系外国を意識するようになって、国防とか「日本はバカにされてんじゃないのか？」という気持ちが日本に出て来てしまったことへの対応で、「心配するより勉強しなさい」と福沢諭吉は言うのです。

福沢諭吉は、それ以前の江戸時代の経験から、「政府というものはその支配によって《諸民》を苦しめる傾向のあるものだ」という前提に立っています。こんな前提に立つということ自体、江戸時代にはありえなかったことですが、そんなことよりも重要なのは、ここに登場する「政府」の二文字です。

日本には、明治以前に「政府」などというものは存在しません。だから、「政府ってなんだ？ 政府は〝新しい幕府〟なのか？」と考える人だって出て来ます。それで福沢諭吉は、初編の後に出版した『学問のすゝめ』二編の中で、改めて「政府とはどういうものか、政府とはどう向き合うべきなのか」を説きます。次です――。

福沢諭吉が語る「政府」

《元来人民と政府との間柄は、もと同一体にてその職分を区別し、政府は人民の名代《みょうだい》となりて法を施し、人民は必ずこの法を守るべしと、固く約束したるものなり。》

福沢諭吉は、「政府というものは、どこかからやって来た特別な人達が〝俺達は支配者だ〟と言って居すわってしまうようなものではない」という前提に立って、「人民と政府は元々同じ人間の集まりで、政府というものは人民に代わって政治をするものだ」と言っています。「国家」という言葉を使わない福沢諭吉は、「国民」ではなく、もちろん「臣民」でもなく、「人民」という言葉を使います。

もちろん明治の初めにこんな話は、「そんなの聞いたことない――」という種類の驚《きょう》愕《がく》ものですが、福沢諭吉は「実はそうなんだよ」と言っておいて、「政府は人民のために政治をして、人民はそれに従う約束をした」と言うのです。

もちろん、明治政府を作った人達は、日本の人民とどのような約束もしていませんし、「自分達政府の人間は、普通の一般人と同じ質の人間だ」と思っているかどうかも分かりません。福沢諭吉は、西洋にあった「社会契約説」という考え方に基づいて、「政府というものは、本来こういうものだ」と説明をしているのです。

福沢諭吉は、明治政府のパシリになって「明治政府に従え」と言っているわけではありません。ただ「政府と人民の関係はこうあるべきだ」という、当時の日本人には耳慣れないことを言っているだけなのです。

福沢諭吉が『学問のすゝめ』の初編を書いたのは、刊行の前年の明治四年ですが、その年の七月には明治維新政府の全国統治が完成する廃藩置県がありました。

大政奉還をした徳川慶喜は「自分が征夷大将軍を辞めても、臣下の大名達はついて来てくれるはずだから、諸藩連合みたいなものを作ればいい」とひそかに考えていましたが、王政復古の大号令を聞いた諸藩の大名達は、残念ながら一部を除いて、慶喜にはつきませんでした。

朝廷が政府に変わって、藩主だった大名達は、そのまま「藩知事」となり、「でももう藩主じゃないんだから余分なことはしなくてもいいんだよ」という宙ぶらりんの状態になっています――もちろん、十分な給料はもらっていますが。やがて「藩知事は全員上京しなさい」ということになって、「廃藩置県」が天皇の方から言い渡されます。「天皇が言い渡した」ということになっていますが、実際は「政府の決めたことを天皇が言い渡す形式にした」です。

「県」に変わった藩には、中央政府から県知事が改めて派遣されるのですが、『学問のすゝめ』は、その明治維新政府が全国を掌握して「政府」の実質を持った頃に書かれて出版されるのです。

そういう時期だからこそ、福沢諭吉は明確な姿を現した「政府」と向かい合う日本人に、《その支配を受けて苦しみなきよう》と、「学問」を勧めるのです。そして、「それだけじゃ足りない、もっと説明しなくちゃ」と思って、初編が出た翌年の冬に、改めて「政府とはどういうものか、政府とはどう向き合うのか」ということを説くのです。

福沢諭吉の言った《人民は必ずこの法を守るべしと、固く約束したるものなり》が、「人民は政府に従え」ということでないのはもちろんですが、すごいというのは、《固く約束したるものなり》と言っている福沢諭吉が、そのことから「政府と人民は約束なんかしてないいんだから、政府の言うことになんでも従う必要なんかないよ」と、暗に言っていることです。

まだ日本に「議会」というものが存在していない明治の初めの福沢諭吉は、「政府」を「行政府」ではなく「立法府」のようにも考えているので、「政府は法を作って人民に施す」と言っていますが、《人民》は《この法を守る》のです。なぜ守るのかと言えば、人民が《固く約束したるものなり》だからですが、この《約束》は、《人民と政府との間柄は、もと同一体にてその職を区分し、政府は人民の名代となりて》という前提があってこそ成り立つものです。

でも、当時の日本人は誰も《人民と政府との間柄は、もと同一体》とか、《政府は人民の名代となりて》などという前提があることを理解していません。そういう人民側の理解を抜きにして存在している「政府」ですから、「人民のためにならないような法律」を制定してしまうかもしれません。そういう場合にはどうするのでしょう?

福沢諭吉はなにも言っていません。でも《固く約束したるものなり。》の部分をじっと見ていると、なんとなく分かりそうな気もします。そもそも政府とはどんな約束もしていないのに、その《約束》の上に《固く》などという文字が載っかっているのはへんです。

だから、考えられる人は、「政府と別に約束なんかしてないんだから、〝こんなもんに従えない〟と思ったら、従わなくてもいいんだな」と考えます。福沢諭吉はそのように言ってはいないのですが、そんな風に考えられるように、文章を組み立てているのです。これが「暗に言う」です。

福沢諭吉はそのように、「政府に従わなくてもいい」という罠《わな》を仕掛けているのですが、まず、多くの日本人はこの罠の存在に気がつかないでしょう。これに気がつくのは、「政府」をやっている人達だけだったろうと、私は思います。

福沢諭吉は「明治の偉人」ですが、政府側の人間ではありません。明治の政府とは一線を引いていた人で、彼が《固く約束したるものなり》と言ったのは、ひそかに人民の反政府活動を煽《あお》ろうとしたわけではありません。彼はただ、彼の知る西洋の考え方――イギリスの社会契約説の立場から、「政府とはこのようにあってしかるべきものだ」という正論を吐いただけなのです。

そんなむずかしい正論をぶつけられたって、当時の一般読者には簡単に分かりません。だから福沢諭吉は、この正論が分かるはずの「政府」をやっている人達に、「政府ってのはこういうものなんだぜ、分かってるのか?」という脅しをかけているのです。

「大政奉還」の時の徳川慶喜の時もそうですが、時々は「ちゃんとした脅しをかける」ということも必要です。まァ、そういう脅しが通ることは少ないですが、なにかを言う時に「論拠」となるようなものを用意しておくのは当然のことです。

「政府」に対する福沢諭吉の分かりにくい脅しも通用しませんでしたが、ここでの疑問は、福沢諭吉はなぜそんなに分かりにくい脅しをかけたのかということです。そのことは、福沢諭吉が『学問のすゝめ』の中で「国家」という言葉を使わなかったこととつながっています。

「政府も天皇のもの」にしてしまった人達

『学問のすゝめ』の中で「国家」という言葉を一つも使っていない福沢諭吉は、同時に「天皇」という言葉も使っていません。

「王政復古の大号令」のあった時、福沢諭吉は数え年の三十五歳で、やがては「慶應義塾」と名付けられる自分の塾を開いて、もう十年がたっています。王政復古になった夏には、朝廷に代わった新政府から、「こっちに来て働かないか」と誘われて、断っています。

そういう福沢諭吉ですから、日本という国の家長に天皇がなったことを知っていて、「国家」になった日本は、形式上であっても「天皇のもの」になってしまったことを知っているはずです。

福沢諭吉は、天皇に関して、「尊敬されるべきだが、政治の外にいるべきだ」という、現在の「象徴天皇制」に近い考え方をしていて、そのことを『帝室論』『尊王論』と、二度にわたってしかるべき時に書き、出版をしています。一度目の『帝室論』は、「九年後に議会を開設する」という決定が天皇の政府から出された時、二度目は「天皇はなんでも出来る」の大日本帝国憲法が発布される前年です。「このままだと天皇が政治的に利用されかねない」というような時に、福沢諭吉は「天皇はいくら尊敬されてもいいが、政治に関係するべきではない」という発言をするのです。

どうして福沢諭吉がそんな考え方をするのかということは、前に言った「天皇はなんでも出来る」ということから類推して分かるはずです。

「天皇はなんでも出来る」が、「なんでも出来るようになっている」であるのは、天皇以外の誰かがそれをしたからです。その少し前の「明治の『国家』は天皇のものだった」というところで、私は《天皇が「朕が政治の中心だ」と言って、それを支える組織が出来上がってしまえば、「日本という国家は天皇のもの」なのです。》と言っています。《それを支える組織》というものが重要なのですが、やがて出来上がる「明治維新政府」というものが、その《組織》なのです。

社長一人で社員ゼロの会社というのはありません。実際には、社員ゼロのままで社長一人が頑張っている哀しい会社もありますが、国家だとそうは行きません。「支配者一人だけの国家」などというものはありません。「国家」があって「支配者」がいるのなら、そこには「国家」を維持運営する組織があります。「政府」と言われるものはその組織の一つです。

「会社」というものは、そこの社長になるような人が創業するものですが、明治維新はそういうものではありません。後に「政府」を構成するような人達が、まだ若い明治天皇をかつぎ出して始まったのが明治維新です。そう思ってみると、明治維新やその後の明治時代の政治の中心がどこにあるかは分かるはずです。「政府」です。

「国民が政府を形成する人間を選び出す」というシステムは、まだこの頃にありません。

だから、誰かが「我々が政府をやる」と言って、それを妨げるものがなかったら、それで「政府」の出来上がりです。

「それは合法的なんですか？」と言われても、そのことを取り決める法律自体がありませんから、合法も非合法もありません。代わりに、文句の付けようのないシンボリックな人をかつぎ出してくれれば、それでOKです。だから、後に明治維新政府を作るような人達は、年若い明治天皇をかつぎ出すのです。そして、「我々は明治天皇の組織を作る人間達です」と言ってしまえば、すべてはOKなのです。

そういう人間達が、「国家は天皇のもの」という前提に従って、「天皇はなんでも出来る」の大日本帝国憲法を制定します。もちろん、まだ衆議院などというものは存在していませんから、国民にはこれをチェック出来ません。「いかがでしょうか？」と言われて「YES」あるいは「NO」と言えるのは、明治天皇だけで、「いかがでしょうか？」と言う方だって、天皇が「NO」と言うようなものは作りません。

かくして、天皇は「なんでも出来る」になりますが、前にも言った通り、それで天皇が「なにか」をするわけではありません。「なにか」をするのは、それが可能になる憲法を作り、その憲法を制定する政府を作った人間達です。まだるっこしいことを言っていますが、「天皇はなんでも出来る」という前提を作っておけば、「天皇がご了承になった」の一言で、明治維新政府はなんでもすることが可能になってしまうのです。

明治維新が進行して行く時代に生きていた福沢諭吉は、当然のことながら「天皇を利用すればなんでも出来る」ということを理解していたはずです。なぜかと言えば、そのことは、福沢諭吉よりも年下で明治維新を成功させた人間達が知っていて、彼等ばかりでなく、徳川幕府につながる大名達も知っていたことですから、ちょっと考えれば分かる「当時の常識」なのです。だから、大政奉還から王政復古へと至るややこしい流れがあるのです。

新しく明治維新政府を作った人間達がやりたい放題のことをする可能性があることを、福沢諭吉は知っていたはずです。それでなければ、当時の日本に存在していない「本来的な政府のあり方」を前提にして、「人民と政府の関係」なんかを語るはずがないのです。そして、それを語る中に「天皇」という言葉を存在させてしまったら、あるいは「国家は天皇のものである」なんてことをほのめかしてしまったら、「政府」をやっている人間達は、「そうだよ、その通り」で、「天皇」の名の下にやりたいことをやってしまうかもしれなかったのです。

「国家」や「天皇」から逃げる福沢諭吉

福沢諭吉は、『学問のすゝめ』の中で「身分の差などという考え方はいらない」とか「忠義という考え方は下らない」という趣旨のことを平気で言っています。福沢諭吉にしてみれば、「新しい日本は天皇抜きでスタートすべきだ」というところだったでしょう。でも、「王政復古の大号令」で、日本は「天皇のものであるような国家」になってしまったのです。

福沢諭吉は、新しく出来た「政府」が、公家や旧薩摩藩士や旧長州藩士を中心にして出来上がっていることを知っています。「彼等が天皇を利用して、政府を自分達のやりたいように動かしたら、日本はよくない方向へ進むだろう」という予測を、福沢諭吉は持っていたはずで、実際は彼の死後、日本はそのような方向へ進んでしまいます。明治維新政府の作った憲法が、《天皇は、神聖にして侵すべからず。》という規定を持ってしまったら、もう「アウト」です。なにしろ、「その領域を侵してはならない」からです。

福沢諭吉はだから、「〝国家〟への批判攻撃は出来ないが、〝政府〟に対してなら出来る」と考えたのです。だからこそ、よく考えれば「皮肉」だということが分かる、《人民と政府との間柄は、もと同一体にてその職分を区別し、政府は人民の名代となりて法を施し、人民は必ずこの法を守るべしと、固く約束したるものなり》と書いてしまうのです。《約束したるものなり》と書いて、「政府」の方に、「それで君等はどう思うんだ?」などと脅しをかけるのです。

そして、「新しい時代なんだから、こういうことが分からなくちゃだめだよ。そのために勉強をしてね」という考えから、『学問のすゝめ』を書いたのです。

『学問のすゝめ』の中で、福沢諭吉が「国家」という言葉を使わず、「天皇」という言葉も使わず、批判をするのだったらもっぱらその鋒先《ほこさき》を「政府」に向けていたのは、以上のような理由です。

一万円札の顔になって「穏やかな保守派人間」のように思われかねない福沢諭吉ですが、彼の中には、「まだ機は熟していないけれども、新しい時代の日本の政治は、人民が協力してやって行くものだろう」という、当時としては過激な考え方も眠ってはいたはずです。

それで、疑問というのは、前にも言いましたが、あまり目立たないようにではあっても政府に対して嫌みなことを言っている福沢諭吉が、どうして「国家」や「天皇」の語を使わなかったのかということです。はっきり言ってしまえば、その言葉を使わない福沢諭吉は、逃げたのです。なにから逃げたのかと言えば、「国家批判から」です。

廃藩置県が終わったばかりの明治の初めの「国家」は、まだそんなにしっかりしてはいません。明治維新政府の内部にだって、やがて内輪《うちわ》揉《も》めが起こるくらいですから、そういう時に「国家のあり方を批判する」があってもいいようなものですが、「国家」という言葉を使わない福沢諭吉はそこから逃げました。なぜ逃げたのでしょう？

「国家」に逆らうと国家的な不良になる

福沢諭吉が「国家」や「天皇」という言葉を使わずに逃げたのは、もちろん、こわかったからです。

明治の初めの日本には、まだ刀を持った人がいくらでもいました。そういう人達が、「貴様、なにを書いとるんだ！」と脅して来たらこわいです。事実、全部で十七編まである『学問のすゝめ』を書き続けた福沢諭吉のところに、ちゃんと脅迫状は来ました。でも、福沢諭吉はそういうものに冷静に対処出来る人ですから、「脅迫がこわくて自粛した」ではありません。それは、もっと内面的なものです。

福沢諭吉は、どうしようもないバカに対しては激烈な反応をして強い口調で批判をする人ですが、根本は「まともな常識人」でモラリストです。そういう人が怒ったのですから、明治の初めにはやたらのバカがいっぱいいたことになりますが、福沢諭吉が「国家批判」から逃げたのは、彼が「まともな常識人」だったからです。

「一体なんのことだ?」と思われるかもしれませんが、日本という「国家」は、天皇を家長とする「一つの大きな家」です。その「家」に住む「国民」である日本人を、大日本帝国憲法は「臣民」と規定しましたが、もう一つ、「国民」である日本人の呼び方がありました。それは「赤子《せきし》」――つまり「赤ん坊」です。「日本人は、天皇を父とする、天皇の赤子」という考え方、表現が、大日本帝国憲法下の日本には、リアルなものとしてありました。「天皇は、日本という国の家長である」というのは、「そうも言える」ということではなくて、そのままリアルな表現だったのです。

だから、そこで「国家の悪口を言う」になると、「こんな国家はいやだ」と言うことになって、「こんな国家の家長をやっているお父さんは嫌いだ、間違ってる!」と言うことになる。それはつまり、「親に逆らう不良になる」ということです。

昔の家長の力は絶大で、親に逆らったりすると、「勘当《かんどう》だ! もう親でも子でもない! さっさとこの家を出て行け!」になります。「いいもん、そうなったら独立して自分で生きるから」と言えてしまうのは現代だからで、昔のまともな人間は、「親に背く不良」になることが、こわくて出来ないのです。

「まともな人」にとって、「不良になる」ということは、自分のメンタリティ一切を根こそぎ引っくり返されることで、生理的、本能的に無理なのです。

福沢諭吉は「まともな常識人」でした。だから、「親不孝の不良」になることが生理的に無理で、「政府」は批判出来ても、「国家」は批判出来なかったのです。「国家」の批判をすることは、家長である「お父さん＝天皇」の悪口を言うことで、不良でなければ、「決してしてはいけないこと」だったのです。でも、「政府」というのは「お父さん」ではなくて、兄や弟みたいなもんですから、これを批判したって、兄弟喧嘩《げんか》にしかなりません。精々、お父さんに「やめなさい！」と注意される程度です。

私の言うことはふざけているように聞こえるかもしれませんが、「家長」というものが力を持って存在していた時代は、それがリアルだったのです。それはリアルだったからこそ強い影響を残して、今でも当たり前に政治的な発言をすると、「変わったやつ、特殊なやつ、へんな人間」と思われたりもします。それは、「国家に対して批判的な発言をするやつは、まともに相手にする必要のない、国家的な不良だ」と思われていたことの名残りなのです。

第三章　「国民の国家」は簡単に生まれない

国立競技場は誰のもの？

「国家を考える」と言っても、それはそう簡単に出来るわけではありません。その理由ならもうお分かりのことかとは思いますが、「国家」の二文字だけで、もう十分にめんどくさい意味がこめられているのです。

漢字の「国（國）」には「領土＝国家」のstateの意味しかなくて、「国民＝国家」であるnationの意味がありません。「国」に「家」がついて「国家」になると、もう「国民のもの」ではなくて、「誰かえらい人のもの」になって、だからこそその「えらい人」を「支配者」と言ったりするのです。

「今ではそうじゃない」と分かってはいても、「国家」という言葉を頭に思い浮かべると、なんだか「重い」という感じがして、古い亡霊のようなものがちらついているような気もして、あまりピントが合わず、「なんだかよく分からない」という気になってしまうのではないでしょうか？

でも、はっきりさせておきたいのは、今の時代に「国家」というものは「誰かえらい人のもの」ではなくて、「国民のもの」なのです。それが世界的な常識なのです。

「国連」――国際連合は、英語で言うと「UN――United Nations」で、「結びついた(国民の)国家達」です。国際連合の前にあった一九二〇年に出来た「国際連盟」だって、「League of Nations――(国民の)国家達の同盟」です。だから、ナチスドイツや大日本帝国が国際連盟から脱退してしまったというのは、「我が国家は国民の国家なんかではない！」ということだったのかもしれません。

二十世紀になって、「国家」は「国家＝国民」のnationになっていて、「国家は国民のもの」という国民国家なのです。現在そうじゃないのは、国連に加盟していないし、加盟する気があるのかどうかも分からない、Islamic Stateの「イスラム国《ステイト》」だけでしよう。

日本でだって、国立競技場や国立博物館や国立劇場のたぐいは、みんな「国民の国家《ナショナル》の――」です。「国家」がnationだからnationalで、それは「国民の国家の」ですが、だからといって、国立競技場をすぐに、「国民みんなの競技場」とは思えないでしょう。

「選ばれたアスリートなら〝みんなの競技場〟とか〝自分達の競技場〟と思えるかもしれないけど、こっちは普通の人間だし、えらい人達がなんだかゴタゴタやってたから、あんまり〝みんなの競技場〟という気はしないな」と思う人が多くて、「国立競技場なんだから、オリンピック用に建て直す時のプランの最終決定は、国民投票にすべきだ」なんてことを言う人は、あまりいなかったようにも思います。

「国立」と付く建造物の多くは、大層な金をかけて造られた巨大なもので、「国のものであるのがふさわしいように立派で、国威《こくい》発揚《はつよう》になるように」というような人達によって造られてしまうので、「国というのは巨大なものなんだなァ」という気がするだけです。でも、これは本当は、「みんなが力を合わせるとすごいものが造れるんだなァ」であるべきなんですが、国民一人一人は、自分のことをそんなに「たいしたもの」だとは思っていないので、「国立」と名の付くすごい建物を見ても、「ここら辺は自分の貢献で出来るんだよな」とはまず思いません。募金によって出来上がったものだと、「みんなが力を合わせて」とは言えるのにね。

「国家」はnationだから、「国民のもの」で「みんなのもの」です。そう言われりゃ「そうなんだろうな」と分かるはずなのに、でも、どこかでよく分からない。だから、「国家は国民のもので、自分はまぎれもなく〝国民〟だから、国家は私のものだ。なんで私の意見が通らないんだ！」というような、とんでもない考え方をする人だって出て来てしまいます。

なぜそんな考え方が生まれてしまうのかと言えば、それは「みんなの――」という考え方がよく分かっていないからで、どうしてよく分からないのかと言えば、「国家」というものが「誰かえらい人のもの」だという、「国家＝state」系の考え方がまだ残っていて、うっかりすると、「国家は誰かのもので、自分がその〝誰か〟であってもいいはずだ」というところへ行ってしまうのです。

「そんな考え方をするやつは中二病だ」と言われるかもしれませんが、そんな考え方に人がわりかし簡単にはまってしまうのは、「国家は国民のものではない」という時代がとても長かったからです。

「国家」という言葉や漢字をそのままに使うのは仕方のないことではありますが、そうであっても、「国家は国民のもの」ということだけははっきりさせておかなければなりません。そうであるためにも、「国家が国民のものになった経緯」というものを、ちゃんと知っておく必要はあるのです。

「領土」という問題

「国民《ネイション》である国家」が登場するのは近代になってからですから、この本の初めの方で言ったように、国民国家は近代国家の一つです。ただ、「近代国家」と言っても、その出来た時期は国によってバラバラで、その出来上がり方も一つではありません。近代国家になるためには、クリアしなければならない条件がいくつもあるから、その経緯――出来上がり方もいろいろなのです。

日本は海に囲まれていて、よその国と陸地で接していることはありません。つまり、道の途中に国境があって、「この先はよその国」ということがありません。また、日本という国は「単一民族の日本人が住んでいる国」と言われていて、まだ「多民族国家」にはなっていません。それで、日本という国は、「日本人の住んでいる、領土の境もはっきりしている国」になってはいますが、世界中の国が、日本のように分かりやすく出来上がっているわけではありません。だから、日本の例だけで「国家のあり方」を考えると、分からなくなることがいくらでもあります。

たとえばその一つが、領土問題です。

最近では、日本の尖閣《せんかく》諸島や島根県の竹島に対して、中国や韓国が「あれは日本の領土ではない、我が国のものだ」と言い出して、「領土問題」が問題になっています。ややこしい言い方ですが、日本政府は「日本に領土問題はない」――つまり、「あそこは日本の領土だ」と言っているので、「領土問題が問題になっている」になります。

日本は他国と海に隔てられているので、「領土問題は存在しない」のままですませてもいられますが、複数の国が陸続きで国境を接しているところでは、そうもいきません。

今では「自由に国境を行き来出来る」ということになっているヨーロッパでは、以前は領土問題で戦争が頻発していました。二十世紀に起こった二つの世界大戦は、「ヨーロッパの国境を画定するための戦争だった」と言っても過言ではないでしょう。

「国家＝領土」である「state」の語の起源は、ルネサンス時代のイタリアの政治思想家――『君主論』で有名なマキャヴェリの言葉にあるとされていますが、その当時のイタリアは各地にいくつも存在する都市国家の時代だったから、「ここは我が都市＝国家の領土だ」という領土問題が重要だったのです。

今のヨーロッパ――「西欧」と呼ばれる国境の画定されている地域では、いくつかの国が存在しているだけですが、昔はそうそう「国」ではありませんでした。大勢の貴族達がそれぞれの領地を各地、各国に持っていて、それが別の国の貴族との結婚によって相続権がいろいろに移動して、「国の中に別の国の貴族の領地がある」というようなことが当たり前にありました。領土問題が起こって当然の状態だったのです。

十四世紀から十五世紀の半ばにかけて、イギリスとフランスの間で百年戦争と言われるものがありました。最後の方になってジャンヌ＝ダルクが出て、フランスの勝利に終わった戦争です。戦争というものは「領土に関する争い」から起こるものがほとんど、この戦争もそうした種類のものです。

でも、イギリスは島国で、フランスとの間にはドーヴァー海峡があります。両国の国境は画定されているので、国同士の領土争いは起こらないようにも思われますが、たとえば、フランス国王の妃が再婚してイギリス国王の妃になり、そこで王子を産んだりします。母の妃が自分のフランス国内に持っていた領地を自分の産んだ王子に譲り、その王子がイギリス国王になってしまえば、「イギリス国王の領地がフランス国王の支配地域内にある」ということになります。いつ領土紛争が起こっても不思議はありません。

イギリスには「ジョン」という名前の王様がいました。イギリスには「リチャード二世」だ「エドワード四世」だとか、同じ王様の名前が繰り返して使われることが多いのですが、「ジョン」は一人だけです。百年戦争になる前の時代の王様で、イギリス国王と再婚したフランス王妃が産んだ王子の一人ですが、彼は「ジョン失地王」とも呼ばれます。フランス国内に持っていた領地を戦いに敗れて失ったからそう呼ばれるのですが、王様のくせに領地を失うというとんでもなく不名誉なことをした結果、その後に「ジョン」と名付けられる王様は一人も登場しなくなるのです。

日本で土地問題はどうだったのか

ヨーロッパの貴族は「領主貴族」と言われる貴族で、みんな自分の領地を持っています。つまり、貴族達の領地は「国」という境界を越えて存在していたりするので、まず「国」という範囲を決めるのが大変だということです。

日本にも貴族がいます。平安時代は貴族文化の時代ですが、日本の貴族は領地を持たないので、「領主貴族」とは違う「官僚貴族」です。「官僚貴族」を分かりやすく言えば、「貴族はみんな公務員」で、「公務員はみんな貴族」です。それが日本の平安時代で、奈良時代でも同じです。

どうしてそうなるのかと言うと、律令制度になって、日本の農地が全部国有化されたからです。日本の貴族は、朝廷から貴族の位と、その位にふさわしい給料をもらいます。「給料」といっても、まだ貨幣経済が未発達の時代ですから、「あそこの地方のあの辺の場所で収穫したものを自由に使っていいよ」という種類の「給料」です。

こういう公務員や高級公務員が日本の貴族で、「貴族の身分＝公務員である資格」が世襲出来るのは今の公務員と違いますが、そういう官僚貴族が奈良時代の昔から日本にいました。ということは、天皇の国家がそれだけ強かったということです。なにしろ、「国家は天皇のもの」です。

日本の奈良時代にはもう「日本は天皇のもの」という前提が生まれていて、「土地は全部国家が管理して、耕作が必要な国民には、農地を均等に分け与える」という、社会主義国家のような班田収授《はんでんしゅうじゅ》の法が行われました。これはつまり、「土地の私有は認めない」ということで、そうなってしまえば、土地を持っている領主貴族は存在出来なくなって、官僚貴族だけになってしまいます。

でも、そうなるとへんだなというのは、日本にはちゃんと「ご領主様」という言葉があるからです。もう一つ、「土地の私有は認めない」という日本に「私有地はなかったのか？」という疑問もあります。もちろん、班田収授の法を行った日本にも、私有地は生まれます。それが「荘園」です。

「土地は国家が管理して、国民に分け与える」と言っても、すべての土地が農地ではありません。「国民に分け与える」と言っても、人口というものは放っておくと増えるものです（昔はそうでした）。人口が増えれば、「国民に分け与える農地」は足りなくなります。そこで、農地ではない土地を切り開いて、開拓する必要は生まれるのですが、奈良時代の国家は、それを国家事業としてはやらず、国民に対して「みんなでやりなさい」と言ったのです。

「自分のため」だったら、「しょうがないからやる」にもなりますが、班田収授の法の国家は「開拓して出来た農地は国家のものだから」と言います。そんなこと言われたら、「じゃやめた」という人間が続出するわけで、それで国家の方も譲歩して、「開拓した土地はしばらくの間、自分のものにしておいてもいい」とか「もう永遠に自分のものにしといていいから」と言いました。それが三世《さんぜ》一身《いっしん》の法とか墾田永年私財《こんでんえいねんしざい》法というやつです。教科書じゃないので、覚える必要なんかありません。

「開拓したら自分のものにしてもいいよ」で出来上がったものが荘園です。金持ちというのは昔からずるいので、「自分のものにしてもいいよ」になったら動きます。もちろん、自分じゃやらずに人にやらせるのですが、しかし、ここまではまだ荘園の第一歩です。

土地の私有が認められていない国で、土地の私有化が認められてそのまま進むというのは、矛盾のようですが、これが矛盾にならないのは「税」というものがあるからです。国の土地であろうと、開拓した結果の私有地であろうと、そこに税というものを存在させてしまえば、国家としては損をしません。税が徴収出来れば、その農地が誰のものであっても関係ないからです。

ところがしかしで、人はエゴイズムの塊です。国家から分け与えられた土地なら「税を取られるのも仕方がない」とは思いますが、その土地が自分のものになってしまうと、今度は「自分の土地で出来たものが、なんで税として持ってかれるんだ！」という不満を言います。この不満を言うのが大規模な荘園の持ち主である大貴族で、彼等は朝廷の高級官僚ですから、「税のかからない荘園という制度も作りましょう」と言って、自分達の荘園を非課税にしてしまうのです。

建て前として「土地は国家のもの」だから、その土地に対しては年貢という税が発生して、私有地にも同じように税が発生するのだけれど、中央で力のある人の荘園は免税になる――ここまで来て、「荘園」というずるいシステムは完成です。

平安時代の武士の不安

日本には「荘園」という私有地があって、自分の広大な私有地を免税にしてしまう上流貴族もいる。だったら、彼等を「領地貴族」と言ってもいいのではないかと思う人もいるかもしれませんが、領地貴族というのは「自分の領地から生まれる収入だけでやっている貴族」で、日本の荘園の持ち主の貴族は国家からお給料をちゃんともらって、国家のシステムを利用しているから「官僚貴族」なのです。荘園は副収入で、「ご領主様」ではない都の大貴族が地方の荘園にまで様子を見にやって来るなんてことはありません。

平安時代の貴族は、「領主貴族」でも「ご領主様」でもありません。「ご領主様」と言われるのは武士で、武士というものが力を得て来るのは、荘園との関係からです。

平安時代の都に「武士」とか「武者」と言われる人達はいましたが、後に「武者の世」と言われる時代を作ってしまうのは、都にではなく、地方に在住するようになった武士達です。彼等の多くは、都から地方役人——国司として下り、そのまま土着しているのですが、地方に土着した彼等は、「武士」であるよりも、「官僚を辞めた開拓農民」

で、「武装した開拓農民」になると、これでやっと「地方の武士」です。

「一生懸命」という言葉があります。うるさい人なら、「〝一生懸命〟は間違いで、本当は〝一所懸命〟だ」と言うでしょうが、「一所懸命」というのは、鎌倉時代の武士が土地に命を懸けていたことを表す言葉です。つまり、地方に根を下ろして武士になった人達の中から、土地への執着が現れるようになるのです。

鎌倉時代——あるいはそれ以前の平安時代から、地方に根を下ろした武士達がなぜ自分達の領地に執着するのかと言えば、それが自分の開拓した土地であり、他人と戦って命懸けで手に入れたものだからです。

彼等は、自分の土地を大事にして守ります。でも、土地の私有が原則として認められていない日本で、「自分の土地を守る」は大変です。同じ武士から、「ここは俺の土地だ」と言いがかりをつけられて争いに発展することもあります。やっと、貴族達が領地争いをするヨーロッパに近づいて来ました。でも誤解のないように、ヨーロッパに近づくことは、別に進歩でもなんでもないのです。

昔の武士達は、自分の領地を守ろうとしました。でも「土地の私有を認めない」を原則とするこの国には、すごいことに「ここの土地は誰のもの」と明記するための登記所のようなものがないのです。

「まだ農地になっていない土地」を切り開いて農地にするということは、「まだ存在していない誰のものでもない土地」を、切り開いた人が作り出してしまうことです。ヴァーチャル空間でもないところにそんなものを「作り出す」をしても、「それはあなたのものです」という保証してくれるものはありません。国家にその機能がない以上、力のある人に頼んで、「ここは確かにあなたの土地です」という保証をしてもらわなければなりませんし、「ここは俺の土地だ」「いや、俺の土地だ」という争いになった時も、やはり誰かに頼んでジャッジをしてもらわなければなりません。「そういうのは国家の仕事じゃないか」と言っても、土地の私有を認める原則を持たない国家には、そういう民事訴訟を調停する機能もないのです。

また、自分で切り開いた私有地は、カテゴリー上「荘園」です。荘園で免税になるのは、中央の有力貴族の荘園だけですから、自分の切り開いた土地にかかる税を免れるために、名義上その土地を中央の有力貴族の「荘園」にしてしまう。そのことを「寄進《きしん》」と言いますが、なんでそんなことをするのかというと、国家が持って行く税より、荘園領主に払う名義代の方が安くて得だからです。言ってみれば「税の自由化」ですが、国家から給料をもらっている高級官僚は、税として国家に入るものを、そうして横取りしてしまっているのです。

そんなことをしていて大丈夫なのかというと、国家の方は当面変わりませんが、国家から給料をもらっている貴族の方が大変になります。どうしてかと言うと、自分の土地を有力貴族の荘園に寄進してしまう武士は、地方に税の徴収にやって来る国司のことを軽く見て、国有地の収穫物を横取りしてしまうからです。なにしろ武士は、彼等ならではの「武力」という力を持っていますから。

国司が持って行くはずの国家の取り分を横取りしてしまうのなら、寄進した荘園の領主に渡すものを収めなかったり、「ええい、ついでだ！」で、荘園の収穫物を横取りしてしまうのだってアリです。そうなるように、地方に住む武士のことをなにも考えてくれないでいた国家は、見事に形骸化してしまいます。

平安時代の終わり頃の武士は、やりたい放題です——というよりも、平安時代が、力を持ってしまった武士のことをまったく考えてくれなかったという方が正確でしょう。だから彼等は、自分達が一所懸命になって手に入れた土地——すなわち自分のあり方を保証してくれるものを求めたのです。

わざわざ遠い都まで出掛けて、土地争いのジャッジを有力貴族に求めたり、税を安くするために彼等に荘園を寄進するということをしていた武士達が、やがて征夷大将軍というものを求めて、従うようになるのは当然で、彼等は「自分達の将軍」に、自分達のアイデンティティを保証してもらうことを求めたのです。

武士達は土地を求め、領主となり、自分の土地を守り拡大することに必死になりました。だから結果として彼等は、自分達が実際に土地を持つよりも、「そこがお前の土地だ」と保証してくれることを求めるようになってしまうのです。

封建制度のギブ・アンド・テイク

江戸時代の「ご領主様」は、各藩の大名です。「名《みょう》」というのは「名田《みょうでん》」の略で、平安時代に明確になってしまった私有地のことです。「大名」は大きな名の持ち主で、だから小さな「名」の持ち主である「小名《しょうみょう》」だって、昔はいました。

大名や小名は、「名」の所有者だから「名主《みょうしゅ》」です。広大な土地の持ち主になって、平和な時代が来て、その世襲が安全で可能になれば、大名は「領主貴族」であってもいいような気がしますが、でも違います。江戸時代の大名は、本部である徳川幕府から任命される、チェーン店の店長のようなものです。

日本のすべての土地は徳川幕府のもので、藩主となった各地の大名は、「その土地を管理する資格」を与えられているだけですから、その土地のご領主様は「転勤」になって、ある時にいなくなったりもします。「ここは確かに戦国時代以来、我が家の領地だ」と思っていても、徳川幕府の方で「じゃ、そのことを認めてあげる。そこで領主をやっててもいい」と言われなければ、領主をやっては行けません。つまり、「土地を所有する」ということが重要なのではなくて、「所有した土地の管理者であってもいい」と保証されることの方が重要なのです。

だから、日本のすべての土地が「徳川幕府のもの」であるというのも、正確には「徳川幕府に日本のすべての土地の管理が認められている」なのです。

誰がその保証を徳川幕府に与えているかと言えば、それはもちろん「国家」の組織である天皇の朝廷で、「王政復古」というのは、「もう徳川幕府には日本の土地を自由に管理する権利を与えないよ」ということで、そうなった瞬間、「日本という国は天皇のもの」という、律令制国家の原則にまでさかのぼってしまうのです。

各地に領主がいて、その所有権が平気であちこちに移動して、なかなか「国の領土」というものが画定出来なかったヨーロッパとは違って、日本が「国としての統一性」をキープしていられたのは、「海に囲まれた島国で領土が画定していたから」ではなくて、「大事なのは、所有することよりも、それを保証されること」という不思議なシステムを持っていたからです。

　この日本を安定させていた不思議なシステムの名前が、実は「封建制度」です。「封建的」というと、「古臭くてだめなこと」の代名詞のように思えますが、実は日本の封建制度は「所有しなくていいよ、保証するから」というシステムなのです。

「封建」というのは、古い中国の言葉で、「土地を諸侯に分け与えて統治させる」ということです。「諸侯ってなんだ?」と言えば、「土地を与えられて統治をまかせられた人」のことで、「他人に土地を与える」などという気前のいいことをした人は、古代の中国ですから、「天子」と言います。

　前に「〝國〟は小さい国で、〝邦〟は大きい国」と言いました。「阝《オオザト》」は「邑《くに》」の簡略形で「国に人がひざまずく」ということを示しますが、「邦」の字の左側の「串に刺さった三本棒」みたいなものは、「ここをお前に与える」という「封建」をするための儀式の時に木を植えたという、そのことを表す形です。「単独の国」ではなくて、「天子に封建してもらった諸侯達が複数で存在する邦《くに》」だから「大きな国」で、「邦」の字は

「連邦」というような使い方をするのです。

　もしかして、「自分の土地を他人に与えて、天子は自分の土地がなくなったりしないんですか？」というような心配をされるかもしれません。でも、そうはならないというのは、天子は「自分の土地」をキープしておいて、その残りを諸侯達に与えるからです。徳川幕府が、幕府の直轄地を「天領」と言って、それ以外の各地を大名達の統治に任せたのと同じですが、古代の中国と日本の武士政権である幕府とで違うのは、日本の将軍が大名に土地を与えないところです。

　日本で最初の幕府である鎌倉幕府は、源頼朝《よりとも》を代表にして武士達が作った組合《ユニオン》のようなものです。代表の頼朝は、朝廷との交渉を担当して、幕府に参加して「御家人《ごけにん》」と呼ばれるようになった武士達は、自分達の獲得していた土地の所有権を認めてもらいます。このことを「本領安堵《ほんりょうあんど》」と言います。「本領」は「自分が元から持っていた土地」で、「安堵」は「納得させること」です。「その土地は確かにあなたの領地ですね」と保証することが「本領安堵」で、鎌倉幕府はそのために問注所《もんちゅうじょ》という訴訟機関を作りました。

平安時代の終わり頃に「ここが俺の土地だということを誰か保証してくれないかな」と思っていた武士達は、鎌倉幕府というユニオンに参加することによって、やっと「安心した」になったわけですね。

日本の「封建制」は、鎌倉幕府から始まるギブ・アンド・テイクの関係で、「家来に無理矢理言うことを聞かせる制度」ではありません。「幕府は君達の保証をして上げるから、君達も幕府のために働いてね」という、システム的な関係なのです。

幕府は、御家人の持っている土地の所有権を保証するだけで、古代中国の封建制のように土地を与えたりしません。なにしろ、鎌倉幕府は土地なんか持っていませんでしたから。

幕府が御家人に土地を与えるのは、幕府の敵対勢力を御家人達の力によって倒した時、没収された敵の領地を「働いてくれた報酬」――「恩賞《おんしょう》」と言います――として分け与える時だけです。だから、日本に蒙古《もうこ》が攻めて来た時、蒙古軍は「土地」なんか持って来ていませんから、これを撃退しても、鎌倉幕府の御家人達は恩賞をもらえません。ノーギャラで働かされた不満が、鎌倉幕府を衰退させる一因になりました。

「土地は与えないけれど、持っている土地の所有権は保証する」という本領安堵の考え方は、徳川幕府にまで引き継がれて、「君の持っている領地は保証して上げるから、幕府の家来の大名になりなさい」になり、「君の持ってる領地はあきらめてもらうけど、代わりに別の土地の領主にしてあげるから、幕府の家来の大名になりなさい」ということになるのですね。

世界にはいろいろな「封建制度」がある

私の封建制度の説明は、普通の封建制度の説明とは、少し違うと思います。どうしてそうなのかというと、「国家の出来方」と同じように、世界にはいくつもの「封建制度」があるからです。

古代中国の「封建」と、「本領安堵」の鎌倉幕府の封建制とは違います。そもそも、鎌倉幕府は土地を所有していないので、「土地を与える」ということが出来ません。

封建制度は、古代の中国や日本だけではなくて、中世のヨーロッパにもありました。中世ヨーロッパの王様は、騎士に領土を与えて忠誠を誓わせていました。与えていたのは、領土だけではなくて、「王様に仕えることが出来る騎士」という名誉も込みでした。それを名誉としつつ「王様に忠誠を誓う」というのが中世ヨーロッパの封建制度で、「なんでもかんでも、主君に対する忠誠が第一だ！」というのが日本の封建制度だと思ってしまうと、日本の封建制度は中世ヨーロッパのと同じだということになってしまうのですが、でも違います。

誤解されがちですが、「主君に忠誠を誓う」とか「忠義を尽す」というのは、封建制度ではありません。これは儒教の方から出た考え方で、「交換条件があるから従う」ではなくて、「えらい人なんだから、文句を言わずに従え」というのが儒教です。

日本の封建制度の根本にあるのは、「保証してあげる」「だったら働く」の契約関係で、だからこそ蒙古襲来の後で御家人達が「え?! ノーギャラなの？」と引いてしまったりもします。「主君に対する忠義は絶対だ」というのは、封建制度が定着した後で生まれた道徳――「封建時代の道徳」という言葉が短縮された「封建道徳」と言われるもので、日本のギブ・アンド・テイクの封建制度とは違うものです。

もう一つ、日本の封建制度が古代中国や中世ヨーロッパのそれと違うのは、武士の側の契約した相手が「将軍という個人」ではなくて、「将軍をリーダーとする幕府」という組織だったことです。それは「主君のために働く」ではなくて、後のサラリーマンと同じ、「自分がその組織の一員だから、組織のために働く」なんです。だから時として、「社長はいやなやつだけど」になっていたりもします。

「社員だから、社長に忠誠を尽さなければならない」というのは、方向違いの儒教から来た「封建道徳」で、日本の封建制度は、「自分の属する組織だから働く――それが結局は自分のためだから」ということになって、「働いたんだから、給料もらうのは当然でしょ」になるのです。

封建制度が嫌いだったはずの福沢諭吉の考え方

前にも言ったように、福沢諭吉は『学問のすゝめ』の中で「政府と人民の間の約束」ということを語っています。これをもう少し詳しく紹介しましょう。福沢諭吉はこんな風に言っています――。

《百姓は米を作って人を養い、町人は物を売買して世の便利を達す。これ即ち百姓町人の商売なり。政府は法令を設けて悪人を制し善人を保護す。これ即ち政府の商売なり。この商売をなすには莫大《ばくだい》の費《ついえ》なれども、政府には米もなく金もなきゆえ、百姓町人より年貢運上《うんじょう》を出《いだ》して政府の勝手《かつて》方《かた》を賄《まかな》わんと、双方一致の上、相談を取極《とりき》めたり。これ即ち政府と人民との約束なり。故《ゆえ》に百姓町人は年貢運上を出して固く国法を守れば、その職分を尽したりと言うべし。政府は年貢運上を取りて正しくその使い払いを立て人民を保護すれば、その職分を尽したりと言うべし。》（『学問のすゝめ』二編）

前にも言いましたが、福沢諭吉は「新しい時代の政府と人民の関係は、契約によって成り立っていると想定すべきだ」と言っているだけで、明治維新政府と日本の人民の間にはなんの約束も契約もありません。その福沢諭吉が「政府と人民の契約とはいかなるものであってしかるべきか」を語るのが右の文章ですが、当時的にはとんでもない内容のものです。というのは、その根本にあるものが、「人民は金を出して政府を働かせてやっている」だからです。

《勝手方》は「台所」のことですが、「キッチンを賄う」というのは、「一家の財政を支える」です。《年貢》と《運上》は、江戸時代の税制で、《年貢》は「米で払う税」、《運上》は「現金で支払う税」です。

「百姓も町人も、商売をすることによって成り立っているが、利益を得ることだけが商売ではない。社会に貢献し、社会を成り立たせているのが商売で、百姓、町人である人民は、全員その商売にたずさわっている」というのが、まず最初に立てた福沢諭吉の前提です。だからその次に「じゃ、政府の商売はどういうものだ？」というところへ進みます。

国家というものを動かす政府のあり方を《商売》と言ってしまうのが福沢諭吉の新しさで大胆さですが、福沢諭吉の言う《政府の商売》は、「人民の保護」です。「それが政府の仕事なのに、新しく出来たばかりの政府には、それをするのに必要なだけの金がない。だから、政府と人民は相談して、人民の方から政府に金を出してやることにした」です。

これを読んで、うっかりと「だから人民は税金を払って法律を守らなければならないのか？」と思ってしまうのは、「税金を取るだけの政府はなにかしてるのか？」と思っているからで、いつの間にかそんな雰囲気も出来てしまっていますが、福沢諭吉は「政府と人民の両方に、同等の義務（職分）がある」と言っているのです。

「政府と人民の関係はギブ・アンド・テイクで、そういう関係が成り立つのは、人民が政府に金を払って養っているからだ」というのが福沢諭吉ですが、長く続いた江戸時代が終わったばかりの頃に、どうしてこんなことがすぐ理解出来たのでしょうか？　もちろん、その考え方は福沢諭吉の独創ではなくて、西洋の契約説の考え方を学んでのことですが、でもどうして、日本とは全然違う考え方をする西洋の理論が簡単に分かったのでしょう？　そういう理解には「とまどい」というものが付き物ですが、福沢諭吉の言うことには迷いがありません。

「どうしてなんだろう？」と考えて、日本には「人民が金を出して政府を成り立たせ、人民のために政府を働かせる」というのと似たギブ・アンド・テイクの考え方があったと分かります。封建制度では、「幕府は構成員である武士のあり方を保証する」だったのが、福沢諭吉の「約束」の理論では、「人民が政府を保証する」という形で逆転していますが、根本の形は封建制度のあり方と同じです。

福沢諭吉は、なんでも一方的に押しつけて来るような、かつての徳川幕府のあり方が大嫌いです。でも、福沢諭吉が嫌いなのは、合理的な考え方が出来ない「封建道徳」の方で、封建制度が嫌いだったわけではないと思います。なぜならば、鎌倉時代に始まった日本の封建制度は、ギブ・アンド・テイクを前提とする合理的な考え方だからです。

その合理的な考え方は日本に根を下ろし、長い時間がたつ内に別種の「道徳」が載っかってしまったので、「合理的である」ということが忘れられたのでしょう。でも根っこの合理性はその上っ面を揺るがしてしまう。だから福沢諭吉は、日本とは全然違う、西洋風の「政府と人民の関係」が割合い簡単に理解出来たのではないでしょうか。

「支配者の国家」から「国民の国家」へ

私の話はあっちへ行ったりこっちへ行ったりしているので、そろそろ「この人はなにを言おうとしているんだろうか?」と思う人も出て来るかもしれませんが、話にはいろいろと段取りがあるので、私も大変です。

今のところ、私の話は「国民の国家が出来るまで」という流れの中にあるのですが、「国民の国家」が出来上がるために必要なのは、当たり前のことですが、国が「国」として一つにまとまっていることです。世界の他の地域には、複数の民族や違う宗教を信じる人達の同居によって「国」としてのまとまりが危うくなっていたり、領土紛争が起こって国境が画定出来にくくなっている国もありますが、日本は昔から「一つのまとまっている国」です。でもそれは、「国家＝state」であることがはっきりしているだけで、「国家＝nation」である「国民の国家」にはなれていません。

「国が一つにまとまっている」というのは、「強力な支配者によって一つにまとめられている」ということでもあるので、その「支配者の国家」が「国民の国家」になるのは、大きな変化が必要です。その変化が、国家にとっての「近代化」なのですが、日本の近代化はどうもそうではありません。

明治の初めに、福沢諭吉は「国家」という言葉を使わずに『学問のすゝめ』の中で、国家を動かす政府と人民の関係を、「約束であってしかるべし」と説きました。でも、その後になって政府が作った大日本帝国憲法では、はっきり「日本は天皇のもの」という趣旨が明記されています。ついでに、「国民の議会」である衆議院は、大日本帝国憲法が発布された後でやっと成立するものですから、前にも言ったように、大日本帝国憲法は「人民と政府が相談して作ったもの」ではなくて、「立法府ではない、行政府である政府が作ったもの」です。そもそも「政府」というものが、人民とは別のところにいる「天皇のもの」で、全然「国民のもの」ではありません。

　そういう「国家」であるにもかかわらず、「明治になって日本は近代国家になった」と言われています。それはどうも、私の考えている「国家の近代化」とは全然違います。これはどうしたことなのでしょう？　私がバカで、勘違いをしているからでしょうか？　そうではありません。明治になって、維新政府が日本という国を「西洋風の国家」にしようとしたのを、「近代国家になった」と勘違いしているだけなのです。「西洋風だから近代的だろう。だから日本は近代国家になった」と考えているだけで、それがおかしいというのは、日本がモデルにした国が、果して「近代化された国家」だったのかどうかということが忘れられているからです。

「西洋化したから近代化された」というのは間違いです。

ヨーロッパの王様は大変だった

もう一度「あっちへ行ったりこっちへ行ったり」になりますが、今度はヨーロッパの話です。

日本とヨーロッパの違いで、「同じ封建制度でも、ヨーロッパの騎士は王様に忠誠を誓ったけれども、日本の武士は個人ではなくて、幕府という組織に忠誠を誓ったのが違う」と言いましたが、その前に私は、「ヨーロッパの貴族は土地を所有する領主貴族だが、日本の貴族は官僚貴族だ」と言っています。

日本は「官僚貴族の国」で、つまりは「サラリーマンの国」なので、貴族に代わった武士達も、いつの間にか「土地を持った領主様」から、「幕府に所属する官僚大名《サラリーマン》」に変わっています。自分の領地を持っていなくて、給料を米でもらっている「石高《こく》払い」の武士は、みんな「官僚武士《サラリーマン》」です。

どうして日本がそれだけサラリーマン化の官僚化してしまうのかというと、まず初めに国の支配者が組織を作り、やがて、支配者以上にその組織が強くなってしまうからです。奈良時代から平安時代の初めまで、日本という国家は「天皇のもの」で、天皇の下に官僚組織もありましたが、その内に天皇の影は薄くなり、天皇がいるにもかかわらず、国家は官僚のトップである藤原氏の摂政や関白が動かすようになりました。日本では、「誰がえらいか」と考えるのではなくて、「組織のトップに立った者がえらい（ということになっている）」なのです。

だから、天皇や貴族がずーっといるにもかかわらず、いつの間にか「武士の時代」になって、幕府のトップである征夷大将軍が一番えらいということになるのですが、実はそれも「形の上だけ」で、将軍様は子供でもデクノボーでもかまわなくて、「幕府」という組織が国家を動かして、その時の実力者は、老中であったり将軍であったりもして、「誰が本当に力を持って強い、えらい人なのか」というのがはっきりしないのです。

日本では、支配者よりも「組織」の方が強いから、みんな「組織の一員」になって、「官僚貴族」や「官僚武士」になっているのです。日本人が今でも「一流企業のサラリーマン」になろうとして、進学競争や就職試験に頑張ってしまうのは、その「日本のDNA」のなせるわざかもしれません。

日本ではそうですが、しかしヨーロッパではなかなかそういう「組織」が出来上がりませんでした。中世ヨーロッパの騎士達が、領地を与えてくれた王様に直接忠誠を誓ったのも、王様には彼等を組み入れる「臣下の組織」がなかったからです。

十七世紀から十八世紀のフランス国王で絶大な権力を持ち「太陽王」とも言われたルイ十四世は、「朕《ちん》は国家なり」と言ったとされています。本当に彼がそう言ったのかどうかは微妙ですが、彼がそれを言ってもいいほどの力を持っていたことは確かです。もちろん、それを言ったとして、日本語ではなくフランス語だったから、「国家」という言葉は使わなかったはずですが、「朕は国家なり」はルイ十四世が生きた時代の「王様は絶対だ」という、絶対主義の時代の王様の強さを表す言葉として有名です。「絶対主義」とか「絶対君主制」というのは、近代のちょっと手前の十六世紀後半から十八世紀にかけてのヨーロッパの状況を表す特徴的な言葉の一つで、日本の時代で言えば、戦国時代から江戸時代くらいにならないと、王様のくせに「私は国家だ」とは言えないのです。

ルイ十四世は、「王の力は神から授けられた絶対的なものだから、これには誰も逆らえない」という、絶対主義のベースになる王権神授説《おうけんしんじゅせつ》という理論を、自分の権力の根拠にしました。「国家」という漢字二文字を知らないヨーロッパの王様は大変です。「国家」という二文字を使うだけで、「国家という国の家長は朕《わたし》」と、日本の天皇は自分を規定出来ました。ヨーロッパよりずっと早い奈良時代から――。

「国家」という二文字の漢字を使わない横文字文化のヨーロッパは、日本よりずっと遅れているのですが、どうしてヨーロッパでは、なかなか「国家」が王様のものになれなかったのでしょう？　それは、一つの国の中に、自分の領地を持つ領主達が、王様の他に何人もいたからです。

王様の力が強くなれば、彼等の力は制限されます。そうなったら困るので、領主貴族達は王様に反抗します。だから王様はそうそう強くなれず、王様の下で国の統治をする官僚の組織も、そんなに発達出来なかったのです。

王様の力が強くなったのが絶対主義の時代ですが、ではなぜ王様の力は強くなったのでしょう？　国内の領主達を倒したわけでもなく、自分の力をバックアップしてくれる神様を呼び出したわけでもありません。王様は、商売をして力をつけたのです――商売、つまり「貿易」です。

領地貴族というのは、その名の通り、領地の農業や畜産業を基盤にしています。でも、絶対主義に進む王様は、自分の力の基盤を、土地本位の第一次産業から、貿易や植民地の拡大の方へ移したのです。独占的な貿易会社である東インド会社が十七世紀の初めから各国で設立されるようになり、それが王様の力を強大化したのです。

ドイツにはごめんなさい

「国民の国家」というものは、強大な支配者が国を一つにまとめて「国家」を作り、その強大さゆえに圧迫された国民が立ち上がって、支配者を追い出したり、力を規制したりすることによって生まれるものです。それが「近代国民国家」と言われるもので、西洋の先進国はそのように、絶対主義から市民革命へと進みます。イギリスもフランスもそうで、強大な本国イギリスの植民地から独立したアメリカ合衆国もそうです。

開国してそういう西洋の先進国と向かい合うようになった明治の維新政府は、だからヨーロッパの国家スタイルを学ぼうとします。どうしてそれをするのかというと、「国民の国家」になってしまっている西洋の先進国が「強い国家」だったからです。

では、その日本は西洋のどの国を目標にして学ぼうとしたのでしょうか？　目標はドイツです。

幕末に開国を決意した徳川幕府は、外国と条約を結びます。後に「安政《あんせい》の不平等条約」と言われてしまうものですが、徳川幕府はこの条約を五つの国と結び、その国のために港を開きました。その五つの国とは、黒船でやって来て最初に開国を呼びかけたアメリカをはじめとする、オランダ、ロシア、イギリス、フランスです。それで、「あれ？」と思われるかもしれませんが、ここにはドイツの名前がありません。どうして幕府はドイツとの条約を結ばなかったのかというと、その時にはまだ「ドイツ」という国がなかったからです。

ドイツが「ドイツ帝国」という形で一つになったのは、日本で廃藩置県が行われた明治四年（一八七一）のことです。それまでのドイツは、複数の王国、公国、自治都市がそれぞれに存在している、「ドイツ連邦」というゆるいひとまとまりの状態でした。

ドイツ連邦以前のドイツは、八百年以上続いた「神聖ローマ帝国」というものでしたが、帝国だから強大だったというわけではありません。「帝国」というのは普通、皇帝が複数の国の王の上に立って支配をするというもので、だからこそ「強大なもの」と思われたりもしますが、逆に、皇帝というものが形式的な存在で、各地の王や領主がバラバラに存在しているという状態でも「帝国」です。長く続いた神聖ローマ帝国は、そういう「帝国」になっていたのです。

複数の王国や、領地を持った貴族が統治する公国や、そういう支配者を持たない自治都市が混在して「帝国」を作っていたので、「皇帝がいるから統一が取れて強大だ」というわけではありません。形ばかり存続していた神聖ローマ帝国は、十九世紀の初めにフランスの皇帝ナポレオンに攻め込まれて、最後の皇帝が皇帝であることを辞退して崩壊します。だから、その後のドイツは「統一するリーダーのいない、ゆるい連邦」です。

そのドイツが、連邦内の王国の一つ、プロイセンを中心にしてまとまり、プロイセン国王を皇帝にして出来上がったのがドイツ帝国です。

どうしてドイツが「国」として一つにまとまったのかと言えば、それはヨーロッパの他の国との競争に勝つためです。「国として、国家として負けてらんないな」と思ったのは、日本ばかりでなくドイツも同じだったので、日本より遅れて明治四年に、ドイツはまとまった「国家」になったのです。

しかし「まとまりのない帝国」の時代が長かったドイツでは、「一つのまとまった国家」というものがどういうものであればいいのか、よく分かりません。それで、神聖ローマ帝国がなくなった十九世紀の初め頃から、この本のように「国家を考えてみよう」ということになって、「国家学」が生まれるのです。

今や忘れられたような「国家学」はドイツで生まれたのですが、私の持っている一九七一年版の『哲学事典』(平凡社刊)で「国家学」の項目を引くと、かなり悲しいことが書いてあります。その一部はこうです――。

《19世紀以来ドイツにおいて「一般国家学」として発達した学問。アングロ・アメリカ的伝統では政治学として取り扱われた問題が、ドイツでは市民社会の形成が遅れたことから政治現象を国家を中心に考察して「国家学」となった。》

《市民社会の形成が遅れた》という点では、相変わらず「武士」や「百姓」「町人」のままだった日本人に対して、福沢諭吉が「勉強をしなさい」と「政府と人民の関係」を説いていた日本と、ドイツは同じです。だから、人民とは関係ないところで、明治維新政府は大日本帝国憲法を作ります。

「さて、国家をどうしよう?」と思う日本は、ドイツの国家学の影響を強く受けます。だから、大宝律令以来の長い歴史のある漢字の「国家」の日本には、観念哲学のドイツの国家学が入って、「国家を考える」ということ自体が、とてもめんどくさくて難解なことになってしまうのです。

日本の大日本帝国憲法が、ドイツ帝国憲法の影響を受けて出来上がったものであることは、言うまでもありません。一つの「ドイツ帝国」になったドイツは、国を強くするためには皇帝の力を強くするのが第一だと考えました。これを日本の明治維新政府が見習うのは当然です。

ドイツ皇帝を強くしたのは、プロイセンの国王を皇帝にかつぎ出したプロイセンの首相ビスマルクですが、この有能な政治家のおかげで、ドイツ帝国はイギリスやフランスと肩を並べる強国となり、二代目の皇帝は第一次世界大戦を始めてしまいますが、そのおかげで、建国から五十年もたたない内にドイツ帝国は、革命でなくなってしまいます。ドイツは共和国になるのですが、「ワイマール共和国」と言われたそのドイツは、十五年後にはヒトラーの率いるナチスドイツへと変わってしまいます。ドイツには申しわけないのですが、やはり《市民社会の形成が遅れた》というのは、そうそう簡単に克服出来ない弱点で、この弱点があると国家はへんな方向へ行ってしまうのでしょう。

日本が本当の近代国家になった時

強い支配者を作り上げて、そのことによって国家を強くするというのは、実は「近代の前段階」で、その「強い支配者の国家」を崩して「国民の国家」にしなければ、本当の近代はやって来ないのです。

普通、「国民の国家」を作るためには「革命」というものが必要とされますが、日本に「革命」はありません。明治維新をなしとげた人は、もしかしたら自分のしたことを「革命」のように思っていたかもしれませんが、あれは「革命」ではなく「政変《クーデター》」です。

政変というのは、「統治体制の中の変化」で、政治の中心が「この人がリーダーであってもいいいな」と思われる人に、（普通は）ダイナミックに移動することで、分かりやすく言えば「権力の横移動」です。これに対して革命というのは「権力の縦移動」で、それまで政治権力と関係ない遠いところにいた人が、権力を握ってしまいます。だから、政変は「横すべり」だけれど、革命は「転覆《てんぷく》」なのです。

明治維新は、政治の中心が将軍から天皇に移っただけの横すべりですから「政変」で、だから、その結果生まれた、「日本という国家は天皇のものである」という前提に立った大日本帝国も、「近代国民国家」ではないのです。天皇を国家の主権者にして「強い国家」になった大日本帝国は、その強さを過信してか、戦争を始め、戦争を続けて、最終的に負けてしまいます。

「革命」というもののなかった日本は、戦争で負けることによってやっと、「主権在民」を前提とする日本国憲法を持つ、近代国民国家へと生まれ変わったのです。

第四章　国家主義について

そこがゴールでいいわけでもない

今の世界で「国家」のあり方は、「国民国家＝nation」が普通です。だから、前にも言いましたが、「国連（UN）」は「結びついた国民国家達」なのです。

今のところ、「国家」の最終形態は「国民国家」で、「イスラム国」を除いた世界中の国は、もうゴールであるその「国民国家」になっています。だから、「もう国家のあり方的にはOKだ」ということになるのかというと、そうではありません。

たとえば、三代の金氏の独裁による北朝鮮の正式名称は、「朝鮮民主主義人民共和国」です。「あの国のどこが民主主義なんだ？」とは思いますが、北朝鮮へ行って同じことを言ったら、北朝鮮の人に「なにを言ってるんですか、我が国は立派な指導者のいる民主主義国家ですよ」と言われるに決まっています（その前に、拘束されてどこかへ連れて行かれるかもしれませんが）。

「国家」にはとても長い歴史がありますが、「国民の国家の歴史」は、そんなに長くありません。「国民の国家」になるためには、法律を制定して「支配者」である王様の力を制限する――そのことを王様に納得してもらうか、あるいは、王様を追放したり処刑したりしていなくならせるのが必要ですが、そういう「王様に力のない国民国家」や、「王様のいない国民国家」の歴史は、「王様が治める国家の歴史」に比べて、全然短いのです。

王様が法律に従うことを約束した、王様を法律で縛る立憲君主《りっけんくんしゅ》制の国民国家が出来た最初の例は、一六八八年のイギリスに起こった名誉革命という変革で、次がそれから百年近くたった十八世紀の終わりのアメリカ独立戦争とフランス革命による二つの国民国家の誕生。千年単位で存在する「王様が治める国家」の歴史に比べれば、全然短いのです。

イギリス、アメリカ、フランスの三国が国民国家になったのは例外的に早くて、ヨーロッパにいくらでもあった「王様が力を持つ国」が減って行くのは、二十世紀初めの第一次世界大戦で、ドイツ帝国がドイツ共和国に変わったのも、第一次世界大戦が終わった時です。

「王様に力がなくなって国民国家になった」と言っても、それだけでOKではありません。なにしろアメリカは、名誉革命で「王様に力のない国民国家」になったはずのイギリスに苦しめられていたからこそ、戦争をして「独立」を勝ち取ったわけで、王様に力があろうとなかろうと、力を持った国家は、よその国や地域を勝手に植民地にします。それらの植民地が独立して国家になるのは、一九四五年に第二次世界大戦が終結したその後です。

「王様」という言葉が手っ取り早いと思って、私はただ「王様」と言っていますが、王様だけではなく、皇帝も天皇も、その他、呼び名は違っても世襲でその地位が受け継がれる、統治する力を持ったものを「君主」と言うわけですが、君主がいようといなかろうと、君主が力を持とうと持たなかろうと、「国家」というものは暴力的で、他国に対してあまり譲歩をしないという一面を持っているように思います。

どうして「国家」が暴力的なのかと言えば、たぶん、その生い立ちが暴力的だからでしょうね。

「国家」というものは、後に「君主」になるような力を持った人間が、自分の周囲を一つにまとめることによって生まれます。まとまったものの外側に「この中は俺のもの」という境を作れば「囗《くに》」という文字になりますが、その「国家」は大きくなろうとするものなのです。

「国家」は、市町村合併のように、「これからは仲よく一つの大きな単位になろうね」ということを、あまりしません。その逆の「もう一緒に国家をやっていくのはいやだから、独立する」ということの方が当たり前に起こります。どうしてそうなるのかと言えば、「国家」というものが「力によって周囲を取り込んで拡大して行く」という性質を持っていて、だからこそ「一度は取り込まれたけれど、やっぱりやだ」という分離独立もあるのです。

「国家」は、周囲を取り込んで拡大しようという性質を持っていて、その古くからの性質が過去のものにはなっていないから、二十一世紀の国民国家ばかりの時代になっても、「そこはこっちのものだ！」「なに言ってんだ、こっちのもんだ！」という領土問題は起こるのです。

「国家」は長い間、「君主」という支配者のものでした。うっかりすると、力によってその領土を平気で拡大しようとするものでした。「植民地」とか一方的な「海洋進出」というものだって、「力による国家の拡大」の一つです。知らない他人がいきなりやって来て、「ここは俺の土地だ」と言い出すようなものです。

「移民」というのは、「A国の国民が、B国の国民になるためにB国へやって来ること」ですが、「植民」は「A国の国民がB国へやって来て、そこをA国の一部にしてしまうこと」で、この二つは全然違います。「海洋進出」と言われているのは「海の植民地化」で、国境線が見えないのをいいことにして、他人の国の海である「領海《りょうかい》」や、みんなの海である「公海《こうかい》」を、「ここは我が国のものだ」と言って勝手に埋め立ててしまうことです。

「国家」にはとても長い歴史があるので、わがままな国の支配者がいなくなっても、知らず知らずに、その暴力的になってしまう性質が「国家」そのものに受け継がれていたりもします。「国家の悪いＤＮＡ」と言ってもいいのかもしれません。だから、今でも「へんな国家」が現れたり、「国家がへんな方向に進む」という事態は生まれてしまうのです。

というわけでここからは、「国家」をやって行く我々の「心の問題」に入っていきます。

「国家主義」ってなに？

「国家主義」という言葉があります。「ナショナリズム（nationalism）」の訳語で、フランス語でもドイツ語でも「nation＋主義」という意味になっている点では変わりません。

元は「ナショナリズム」で一つなのに、この言葉にはニュアンスの違う訳語が、少なくとも三つあります。「国家主義」と「国民主義」と「民族主義」です。同じ言葉なのにどうして違うのかを考えるために、「ナショナリズム」という言葉の使い方を見てみましょう。日本ではなく、外国での状況を伝えるのに、こんな言い方をする時がありまず。これです――《現地ではナショナリズムが高揚して、独立への気運が高まっている。》

複数の民族で構成されている国家で、ある民族が「自分達は自分達だけで国家をやりたい」という方向に行った時、こんな表現が登場しますし、以前なら西洋諸国の植民地にされていた場所でよく使われていました。この「ナショナリズム」は、「国家になりたい気分」で「その考え」です。

この「国家になりたい」は、「我々の民族だけで一つにまとまろう」という考えがバックにある点で、「民族主義」です。

同じ「ナショナリズムの高揚」でも、大きな帝国の中での「我々は元々別の王国の国民なんだから、独立したい」になると、こちらは同じ「ナショナリズム」でも「国民主義」で、「民族主義」も「国民主義」も「国家になりたい」という方向性を持つ点で、「国家主義」なのです。

早い話、「国家主義」は「国家になりたい主義」で、国民国家であるnationが誕生する時、あるいは誕生しようとする、十八世紀の終わりから第二次世界大戦の終わる二十世紀の中頃にかけて、大いに使われた言葉です。だから、今でもまだ「大国に併合された小国が独立を考える」とか、「多民族国家の中のある民族が自分達のアイデンティティに目覚めて独立を考える」という時に、この言葉は登場します。

「ナショナリズム」は、そこが「国家」になろうとする時期に登場する「現在進行形の言葉」で、そうであるのが本来なのですが、「国家」が出来上がってしまっている、現在完了形や過去形になった時に登場する「ナショナリズム」もあります。「国家」はもう出来上がっているのですから、今更「国家になろう」もへったくれもないわけですが、そこに「ナショナリズム」という言葉が登場するのにには、ある理由があります。つまり、国家が危機にさらされている時です。

強い敵に襲われて、国家が存亡の危機にさらされている時、あるいは、国家財政が破綻《はたん》して、自分達の国家が危うくなりかかっている時、国民は「我々の国家をなんとかしよう！」と思って立ち上がろうとします。もちろん「立ち上がらない国民」だっていますが、立ち上がった国民が「我々の国家をなんとかしよう！」という声を上げたら、それは「ナショナリズムの高揚」で、この「ナショナリズム」は「民族主義」でも「国民主義」でもない「我々の国家をなんとかしよう主義」の「国家主義」です。

「我々」である「民族」や「国民」はちゃんと存在してはいるけれど、その「我々」を包む「国家」という外枠のシステムがなくなると、困ったことになる。だから、「我々で国家をなんとかしよう」の国家主義です。

でも「国家の危急存亡の危機」ということは、言われはしてもそうは起こりません。それよりもずっと多く起こるのは、「国家の危機を囁《ささや》く声が生まれる」です。

「ナショナリズムを煽《あお》る」という言い方があります。よその国と戦争をしようと考える政府が、あまり乗り気ではない国民をその気にさせるため、「あの国はひどい、あの国は危険だ、戦わねばならない！」という論調を、メディアを通してばらまくことです。それを政府がやっているということがばれるとそれに対する反対運動が起こるので、「ナショナリズムを煽る」の初めは、必ず「ひそかに」です。

国民が反対するであろう侵略戦争をするためだけでなく、他にも政府がひそかにナショナリズムを煽る場合があります。政府の施策がうまく行かなくて厄介な状態になった時、他の国を敵視したり悪者扱いすることによって「我々国民の一体感」を演出して、政府の失策から目をそらさせる場合です。

政府が煽るだけでなく、「このままでは、我々が思っているこの国の形が変わってしまう」と思う一部の国民の間から、「あの民族を追い出せ！」「あの宗教の信者を追い出せ！」という、ヘイトスピーチ系のナショナリズムが生まれることだってあります。「国民の国家」が出来上がっても、そのまま順調に行くとは限りません。だから、一度は「国民の国家」になりはしたけれど、そのことに喜んでいなかった人達が、「改めて国家の形を考えるべきだ、昔の国家の形の方がよかった」と主張するようなナショナリズムだって、登場します。

「国民の国家」とは「国民が運営する国家」ですが、「内政だ、外交だ、世界情勢だ」とさまざまな問題があって、いつでも国家がうまく行くとは限りません。だから、政府に政治を委任している国民や、国民に代わって国家をやっている政府の中に不安が生まれて、「この国家をなんとかしなくちゃいけないんじゃないか?」というナショナリズム＝国家主義が生まれてしまうのです。

つまり、「国民の国家」が出来上がった後で生まれる、本当ならもういらないはずの国家主義は、「国家に関する不安の表れ」なのです。

「個人のあり方よりも国家」という考え方

「国民の国家」が出来上がった後でそこに登場する、「国家に関する不安」から生まれた国家主義は、「国家とはなににもまさって存在する至高のもので、個人のあり方より国家のあり方を優先する」という方向へ進みます。どうしてかと言うと、自分達の国家のあり方に不安を感じて「なんとかしなくちゃ」と思うのだったら、まず第一に「国家を強くする」ということを考えなければならないからです。

たとえば、いつもインターハイに出場していた高校の名門運動部が、県大会の一次予選で敗退してしまったりします。監督の先生はたぶん、「お前達がだらけてたからだ！」なんて言って怒るのではないでしょうか？　「伝統ある我が部の歴史に泥を塗ったんだぞ！」と怒って、「部活優先だ！　個人的な理由で練習をさぼることなんて絶対に許さん！　気合入れてやれ！」になったら、これはもう「部活の国家主義」です。

この場合の「国家」は、「栄光の歴史を持つ伝統ある我が部」で、部員達は「国民」です。部員が気のぬけた練習をしていると、監督は「なにやってんだ！」と怒ります。それで案の定、県大会の一次予選で敗退なんかしてしまうと、監督は「国民としての自覚が足りない！」と怒りますが、しかし、その「栄光の歴史を持つ伝統ある我が部」というのが誰のものかというと、もちろん監督のものではありません。「国家」に関する話は、ここら辺から微妙にややこしくなります。

監督のものではない「我が部」は、誰のものでしょう？ 高校の部活ですから、その部が高校に所属するのは当然ですが、でもその部の「栄光の歴史」とか「伝統」を作って来たのは、その部に所属していた代々の部員達です。しかしだからと言って、「栄光の歴史を持つ伝統ある我が部」は、卒業してしまったＯＢ達のものではありません。一次予選の敗退で監督から見れば「情けない」であるかもしれない現在の部は、現在所属する部員のものです。

でも、どういうわけか監督の先生は、「伝統ある我等が部」とは言いません。監督は、部員の生徒ではないので「我等」にはなりません。それを言うなら、「栄光の歴史を持つ伝統あるお前達の部」でしょうが、県の一次予選を敗退してしまった部員達は「栄光の歴史を持つ伝統」を捨ててしまったも同然なので、これもへんです。言うのなら、「お前達の部は、栄光の歴史を持つ伝統ある部なんだぞ！」という形の説得でしょうが、そうなると、監督の先生は、「俺の立場はどうなるんだ？　部は、あいつらのもので、俺とは関係ないのか？」と悩まなければなりません。だから便宜上、自分のものではないにもかかわらず、監督は「栄光の歴史を持つ伝統ある我が部」と言うのです。

「国家」とは、このように「誰のものか問題」がうろつき回るめんどくさいものです。

たとえば、だらしない部員が「国民」だとしたら、「我が部は、栄光の歴史を持つ伝統ある部なんだぞ！」と怒る監督は、「総理大臣」です——と言いたいところですが、この比喩は間違いです。というのは、「監督」はどこからかやって来た、「部員」である生徒とは違う存在なのですが、総理大臣は「国民に選ばれた、国民の一人」だからです。

「国民の国家」では、「部員の高校生が国民で、監督の先生は総理大臣」という比喩は成り立ちません。これが成り立つのは「君主のいる国家」です。監督の先生は、学校の理事長に雇われているから、理事長が「王様」で、監督は王様に雇われている総理大臣で、生徒はそこにいて国家の命令に従うだけの国民です。これは、現在の日本のあり方ではなくて、大日本帝国憲法下の日本で起こることです。

そういう王様制度の下では、「栄光の歴史を持つ伝統ある我が部」の「我」は、その高校を経営する理事長です。だから、部員の生徒達に「我が部！」という声を発する監督の先生は、「この部は理事長のものなんだから、理事長のために頑張れ！」と叫んでいるのと同じことなのです。

さっきまで私は、「この部は高校に所属するだけで、高校のものではない」と言っていたのに、「高校」という組織ではない「理事長」という人間が出て来た途端、「その部は理事長のもの」ということになってしまいます。それが、「国民の国家」ではない、支配者のいる「君主制の国家」のあり方なのですが、では、肝心のその高校で部活をやっている「国民」に当たる生徒達の立場は、どんなものでしょう？

「君主制の国家」だと、「理事長のために頑張ります！」しか答はないのですが、理事長がそんなに好きではなくて、どこにいるのか分からない理事長の顔なんか見たことのない生徒達だったら、「この高校は、理事長のものかもしれないけど、この部は僕達の部だろう？」と考えるかもしれません。そうなると、「栄光ある歴史と伝統は、理事長が作って来たんじゃなくて、僕達の先輩が作ったんだ。だから、一度失敗したって、もう一度僕達で、先輩達の作った輝しい歴史を作り出せばいいんだ」ということにもなるでしょう。「挫《くじ》けないで、僕達だけで頑張ろう！」ということになると、「部員達の自治」で、「理事長からの独立」です。

そうやって「国民の国家」は君主制の国家から分かれて登場するのですが、君主制の国家は、「君主のものである国家」のあり方を、国民のあり方よりも優先させるのです。

そして、謎というのは、それだけのことが分かっていて、どうして国民の国家の中で「個人のあり方よりも国家のあり方を優先する」という考え方が生まれてしまうのか、ということです。

「代表者」と「指導者」

「国民の国家の中に国家主義が生まれる」ということは、一度捨ててしまったものが甦《よみがえ》るということですが、こういうことは結構簡単に起こります。どうしてかと言うと、さっきの話でお分かりのように、「国家は誰のものか」ということが、実際には分かりにくくてややこしくて、「あれ？」と思っていると、へんな方向へ行ってしまうからです。一例を挙げると、「その部は高校に所属はしても、高校のものではない」が、いつの間にか「その部は高校の理事長のものだ」になってしまうことです。

国家が「国民のもの」になった歴史はまだ浅くて、我々はうっかりすると、国家が王様のものだった時代の考え方で「国家」を考えたりします——というか、我々は「これは国家が王様のものだった時代の考え方かどうか」とチェックすることを、忘れてしまうのです。だから、ちょっとした言葉の違いがとんでもなく大きな間違いになることを、簡単に見逃がしてしまうのです。

この章の初めで言いました。もしも北朝鮮へ行って、「この国は本当に民主主義なんですか？」と北朝鮮の人に尋ねたら、「我が国は立派な指導者のいる民主主義国家ですよ」と答えられてしまうだろうと。

北朝鮮の人ならそう考えるかもしれませんが、民主主義の国に「政治的な指導者」というものは存在しないのです。それはただ、「国民に選ばれた代表者」でしかないのです。

すごいことに、民主主義の政治というのは、その政治を支える国民の頭のレベルを、まともでかなり高いものと想定して、これを前提にしています。どういうことかを分かりやすく言うと、民主主義の社会に「バカな国民」は一人もいない（ということになっている）のです。

どうしてそういうことになるのかというと、「みんな平等」の民主主義になる前は、わがままな王様が好き勝手なことをしている君主制で、その王様を追い出してしまったら、追い出した国民の側で、国民に代わって政治をする代表者を選ばなければならなくなるからです。君主制の時代には「お前は政治に参加するな」「お前みたいなやつが政治に口出しするな」と言われていたのが、それを言う悪い王様や王様の家来はいなくなってしまったので、誰でも平等に政治に参加する権利――参政権を持つようになるのです。

ここで重要なのは、「君主制の時代に政治に参加出来ていなかった人達を政治に参加させる」ということで、それはすなわち、「君主制の時代に虐《しいた》げられていた人達が政治に参加出来る」なのです。別にたいして虐げられていなくても、「あなたは虐げられる側にいたはずです」ということが、政治参加の基本条件で、「バカかどうか」ではなくて、「虐げられていたかどうか」が重要なのです。

自動車の運転なら「運転免許を取るための学習」が必要になりますが、国民には、参政権を行使するための学習が必要ありません。そうなったそもそもは、「民主主義下の国民は、君主制の時代に虐げられて政治への参加を許されなかった人間達だから、民主主義になったら、当然、政治に参加する権利がある」だったからですね。

君主制が民主主義に変わったばかりなら、国民が政治に参加することは「権利」でよかったのですが、民主主義が定着してしまったら、「政治に参加する」は、もう「国民の義務」です。なにしろ、もう政治を担当するのは国民しかいないのです。だから国民は、政治を担当する者を選びます。

国民が直接政治を担当するのが「直接民主制」で、そういうことをしている余裕がないから、国民の中から代表者を選んで政治を担当させるのが、今の世界で一般的な「間接民主制」です。国民に代わって政治を担当するのですから、代表として選ばれる人はまともな知識と判断力を持った人でなければなりませんが、時々とんでもない人が選ばれて政治を担当する政治家になります。政治家になってから、「なにやってんだ！」と言いたくなるようなとんでもないことになってしまう政治家もいます。もちろん、これは政治家の方が悪いのですが、時々「なんでこんなやつが選ばれたんだ？」と思うこともあります。愚かな政治家を選んでしまうのは、選ぶ国民の側の責任です。

選ぶ側の国民に、まともな判断力とそれを可能にする知識がなかったら、その民主主義国の政治はとんでもないことになります。「その国の政治のレベルは、国民のレベルの反映だ」と言われるのはそういうことで、だからこそ「民主主義の政治は衆愚《しゅうぐ》政治になりやすい」と言われます。「衆愚」とは「バカの集まり」で、「民主主義はバカばっかり」にもなるのです。

民主主義国家で、国民が政治に参加することは、民主主義国家のスタート時点では「権利」で、後には「義務」です。あまりはっきりとは言われませんが、考えてみればこれは当然のことです。でも、その権利に関しては「参政権」という分かりやすい日本語はありますが、「参政義務」というような言葉は、まず目にしたことも耳にしたこともありません。

民主主義国家で、「政治って、どこかで関係ない誰かがやってるんでしょ?」というような声が平気で出て来たら、それはもう衆愚政治です。でもそこに、「愚かな国民を指導する指導者」はいりません。国民が「まともな頭」を持つのは、国民個々人の責任で、民主主義の政治は「指導者」を選びません。選ばれるのは「代表者」なのです。

代表者を選び出す「まともな能力」を持つのは、民主主義国では自分の責任で、義務であって、「指導者」を選び出すのは民主主義ではありません。「みんなで選ぶのが民主主義だ」と考えるだけで、なんの疑いもなく「指導者」を選び出してしまうのは、民主主義とは違う体制の政治です。

「指導者」のいる国家

「指導者」というと、アメリカの大統領のような存在を思い浮かべるかもしれませんが、大統領はあくまでも国の政治を行うために選び出された「代行者」であり「代表者」であって、「指導者」ではありません。

「指導者」がいるのは社会主義国家で、「国家主席」とか「総書記」あるいは「将軍様」「領導著様」「委員長」などと呼ばれるのが「指導者」です。

「民主主義」は政治の方の考え方ですが、「社会主義」は経済の方の考え方で、社会主義国でも政治のあり方は民主主義を前提にしています。社会主義国家は普通、革命によって生まれますが、社会主義国家が革命で倒すのは、君主制国家ばかりでなく、民主主義の「国民の国家」もその対象になります。だから、「民主主義を踏まえてしかもその先を行く」というのが、社会主義国家のあり方ですが、社会主義が成功して「社会主義国家」になると、この社会主義は「国家社会主義」になってしまいます。

いきなり「国家社会主義」と言われても、「それはなに？」と思うくらいかもしれませんが、ナチスドイツの「ナチ」や「ナチス」は通称で、ヒトラーが党首となってナチスドイツを作った政党の正式名称は「国家社会主義ドイツ労働者党」で、ヒトラーはその国家の「指導者」ですから、「国家社会主義」はあまりいいものではありません。

そもそも、社会主義と国家はあまり馴染《なじ》みのいいものではありません――というよりも、社会主義は「社会主義国家の成立」を目的とするわけではありません。社会主義は「共産主義へ移行するための前段階」とされるもので、「共産主義の思想は優れているから、一国に限定されることなく、全世界に広がっていかなければならない」という考えの中のワンステップなのです。本来なら、社会主義国家は「まだ経過途中の国家」で、だからこそ社会主義国では、自分の国の人間を「国民」とは言わず「人民」と言います。「共産主義になってしまえば国家という枠組みは解消されてしまう」という前提に立っているので、社会主義国では「よその国の人間」も「自分の国の人間」も同じように「人民」で、「やがて世界は我々の目指す共産主義の中で一つになる」という建前もあるので、「国境」だって「どんどん広がっていくのが当然のもの」ということになってしまって、「あそこも、本来は我々のもの」という考え方が、不自然ではなく生まれてしまうようです。

ちなみに、社会主義国家で「指導者」を選ぶのは、国民ではありません。社会主義国家は、その国の共産党という党が一党で独裁をする国ですから、「民主的手続き」というものがあるとしたら、それは共産党の中だけで、「指導者を選ぶ」ということに参加出来るのも共産党員になっている人間だけで、それ以外の国民には関係がありません。それ以外の国民は「指導される立場」にいるのです。

世界で最初の社会主義国家は、今では消滅してしまったソ連——ソヴィエト社会主義共和国連邦で、第一次世界大戦中の一九一七年に成立しました。一方、ヒトラーの政党ナチスが誕生したのは、第一次世界大戦が終了してドイツ帝国がドイツ共和国になった一九一九年で、この政党がドイツを掌握するのは、十四年後の一九三三年です。どうしてそういうものが同じような時期に出来上がってしまったのでしょう？

ロシアでは、第一次世界大戦中に革命が起こって皇帝が倒され、巨大な社会主義国家――ソヴィエト社会主義共和国連邦が出来上がることになります。ドイツでも、第一次世界大戦後に革命が起こって皇帝が逐《お》われます。第一次世界大戦は、結果としてヨーロッパにいた皇帝や王様達がいなくなってしまう、画期的な変革の時期なのですが、だからと言って、それで「国家は我々国民のものだ」ということがすんなり定着するわけではありません。

皇帝を処刑してしまったロシアでは、全土に社会主義のローラーをかけて社会主義国家にしてしまいますが、皇帝を国外に追放しただけで、社会主義という理論を導入したわけではないドイツは、共和国になっても、やがてすぐにヒトラーの国家主義へと進んでしまいます。こちらは革命によってではなく、選挙によってですが。こちらの国家社会主義も「民主主義を踏まえて、民主主義の先を行く」ということになっているスタイルですから、共和国になったドイツが国家主義になってしまうのも、その当時としては「不思議のないこと」です。そういう時代だったのです。

しかし、どうして民主主義で共和国であったドイツがヒトラーの国家主義（建て前では「国家社会主義」）へと進んでしまうのか。どうして「国家主義は民主主義の先を行く優れたスタイルだ」と考えられてしまうのか？　もちろんそこには、当時のドイツの国内事情とか、当時のドイツが置かれていた世界情勢という背景がありますが、意外と隠れて見逃されてしまうのが、共和国を成立させていた民主主義の「弱点」です。

どんな弱点かと言えば、前にも言いましたが、その弱点は、民主主義が「民主主義というものがよく分からない人達」に対して、強制的で罰則付きであるような「民主主義教育」をしないということにあります。

国民を指導する国家と指導しない国家

社会主義国家では「思想学習」が必須になり、ちゃんと学習をしていないと「反革命分子」になって収容所に送られ、そこでもう一度、思想学習をしなければなりません。

どうしてそういうことになるのかというと、「社会主義は進んだ考え方で、遅れている人間は学習をしないと分からない」と考えられていて、そういう人間を放っておくと、「反革命分子」というものになって、せっかく革命で出来た国家を転覆させかねないからです――と、そのように思うくらい、革命で出来上がった社会主義国家は、「自分達はもろい存在基盤の上に載っている」と思っているのです。

社会主義ではない国家主義の国家でも、思想統制は行われて、国家の決めた思考ラインからはずれた考え方をすると、官憲に目を付けられます。どうしてそんなことになるのかと言うと、前にも言ったように、「なににもまさって存在する至高のものが国家で、だからこそ、国家のあり方は個人のあり方より優先される」というのが、国家主義の国家だからで、「国家よりも個人のあり方を優先する考え方」は、国家主義国家の敵なのです。つまり、「学習」が必要な社会主義国家と同様、国家主義になった国家も、「自分達の存在基盤はもろい」ということを知っているからで、「不自然なあり方をするものは壊れやすい」ということです。

でも、民主主義にそんな強制はありません。「民主主義の仕組み」というものを教えられて、「国家は我々国民のものなんだ。分かった？」と尋ねられて「うん」と答えてしまえば、民主主義に関する教育は終わったようなもので、「分かった？」と問われたのに対して「分かんない」と答えても、「分かんないの？　困ったね」だけで、その先にたいしたお咎《とが》めはありません。

「試験に出ますよ」と言われることはあっても、「出来ないやつは収容所送りだ！」なんてことは言われません。しかも、その教育は義務教育段階の子供の時だけで、選挙権を得る大人になってからの再教育なんていうものはありません。

どうしてそうなるのか？　それは民主主義が、「民主主義は人にとって最も自然なあり方であり、人は愚かではないので、ちょっと考えれば民主主義に関する理解は訪れる」と考えているからです。

民主主義は各人の自主性を尊重しているので、「民主主義ってよく分かりません」と言う子供の頭を引っぱたいて、「分かれ！　分かったと言え！」なんてことは言いません。だから「民主的な親」は、自主的な判断が出来るかどうかさえ分からない年頃の子供に対して、「ウチでは子供の自主性にまかせています」という教育を平気でやってしまいます。

「それが教育か？」と言えば、全然「教育」なんかではないはずですが、「人の自主性を奪うようなことをしない」を原則にしている民主主義は、その原則ゆえに、小さな子供の中にも「あるはず」と考えて、「放っといても大丈夫な自主性」を勝手に発見してしまうのです。

「人の自主性」とか「個の尊厳」を重んじる民主主義は、「民主主義を支える人間達はバカばっかりだ」という考え方をしません。「そうであるのかどうか」という考え方もあまりしません。「民主主義は愚かではない人に支えられているから、民主主義を支える人達の中にそんなにバカな人間はいない」と考えます（よく考えれば「そんなムチャな」ですが）。

民主主義の社会にだって「バカな愚か者」はいくらでもいます。「自主性」がいい方向に働かず、「自主的に愚かなバカ者になる道を進んで選ぶような人」はいくらでもいます。民主主義の社会ではそういう人達のことを「バカな愚か者」とは言わないので、そうだと気づかれないだけです。

「バカな愚か者」にならなくても、「政治に関してはよく分からない人」がいくらでもいて、民主主義はそういう人達も「政治的決断に関する一票を投ずる権利を持つ有権者」にしてしまいます。だからこそ「政治に参加する義務」という考え方は重要なのですが、国家主義や社会主義へ向かいたい人は、「民主主義はバカに動かされるろくでもない政治だ」と考えます。だから、国民への思想教育を重視して、「民主主義を踏まえた民主主義の先」へ行ってしまうのです。

頭の中はまだファンタジー

「国家主義の国家」というのは、不自然なあり方をする国家です。どう考えても、「国家が〝こう考えろ〟と言う考え方だけをしろ」というのは不自然です。

前にも言ったように、国家主義というのは、「自分達の国家に関する不安」から生まれる考え方です。それならば、「国家主義の国家」というものは、それまでの不安を克服するべくして出来上がった国家です。「べくして」だから、「不安を克服してしまった」かどうかは分かりません。だから、「国家のあり方」としては不安定な部分を残していることは十分に考えられます。

　つまり、「我が国家は不安定なんだから、へんに余分なことを考えて、国家がぐらつくようなことをするな」と、国家の側が言い出すことは十分に考えられるということです。だったら、「我が国はまだ未熟な発展途上の国家だから、国民諸君は国家の言うことだけを聞いて、余分なことを考えないでくれたまえ」とでも言えばいいのですが、国家主義の国家は「我々は未熟な国家だ」などという宣言を、絶対と言っていいほどしません。自分達の国家のあり方に不安で国家主義の国家になったところなら、当然「我が国は偉大なり！　世界のどの国家にも負けない！」という強がり宣言をします。だから、「そんなに自分達のあり方に自信があるなら、国民が国家の方針と違うことを考えたっていいじゃないか」とは思います。だから私は、「国家が〝考えてもいい〟というような方向でしか国民がものを考えられない、国家主義国家のあり方は不自然だ」と言うのです。

国家主義は「国家のあり方」を優先して、国民のことなんかは考えません。「個人のあり方よりも国家のあり方を優先する」というのは、そういうことです。

国家主義になったら、国民は国家に弾圧されるに決まっています。そうなることは分かりそうで、そうなることは分かってもいいはずなのに、不思議なことに、自分達の国家のあり方に不安を感じた国民達は、国家主義の方向へ進むことを了承してしまいます。

実のところ国家主義は、社会主義革命とは違って、武力や暴力で達成されるものではありません。有権者である国民の賛成多数によって、そちらの方向へ進むのです。

前にも言いましたが、ヒトラーのナチス――国家社会主義ドイツ労働者党が政権を取ったのは、「選挙に勝つ」という合法的な手段によってです。だから、ヒトラーの演説に当時のドイツ国民が熱狂している様子は、ニュース映像かなんかで見たことがあるとは思いますが、あれは「熱狂しろ、興奮しろ」と政府の側から言われて熱狂させられているのではないのです。自分から進んで「YES！」と言ったものに対して、「YES！YES！」と強く言っているだけです。もちろんドイツ人だから、英語ではなくドイツ語の「イエス」ですが。

選挙という制度が存在するということは、一度はそこが「民主主義」である国民の国家になっていたということですが、そういう国民が、どうして自分達を弾圧するような国家主義を選ぶのでしょうか？　話はそうむずかしくはありません。自信のなくなった民主主義国家の国民は、民主主義である国民の国家になる前にあった、自分達の国の君主制政治の「輝かしい幻」を見るのです。

今でもファンタジーの世界で、舞台になるのは「王国」です。魔物に襲われて危機に瀕《ひん》した王国で、お姫様を助けて王国の危機を救います。王様の出番が最後で、「そりゃよかった」と笑うだけでなにもしなくても、そのファンタジーの舞台となる王国は、「王様のもの」です。なんでそんな設定ばかりなのかと言えば、「この国は王様のもの」と考えてしまうことが、一番しっくりとして馴染んでしまうことだからです。「王様が追放されて、もう王国ではなくなっていて、当然のことながら荒廃してしまった国を、王様に代わって〝最高議会のメンバー〟が統治している」ということになったら、その「最高議会のメンバー」は邪悪なもの揃《ぞろ》いになってしまうでしょう。

「君主制から民主制へ」という、近代以降には当たり前の流れが、ファンタジーの世界では「邪悪なものに平和な王国が乱される」になってしまいます――その方が、ファンタジーの受け手には、受け入れやすいのです。

なぜかと言えば、繰り返しになりますが、人間の作った国家の歴史の中で「民主主義になった時代」は、最近のほんの短い期間で、人間の思考パターンには「長すぎる君主制の時代」の方が、当たり前に感じられるようになってしまうからです。

多くの人間の頭の中はまだ「おとぎ話」に占拠されていて、だからこそあまり馴染みのない現実の政治に対しては、「誰か自分とは違う人がやってくれているんだろう」という気になってしまうのです。

前に言った「いつもインターハイに出場していた高校の名門運動部」の話を思い出し

ていただきたいのですが、「お前達がだらけたからだ！　伝統ある我が部の歴史に泥を塗ったんだぞ！」などと、その部を私物化して「我が部」と言う監督に怒鳴られても、部員の高校生達は「なんでおメェのために頑張らなきゃいけねェんだよ！　お前の部じゃねェぞ！」などと歯向かったりはしないでしょう。

　高校生の彼等にとって、自分達の所属する部は、監督のものではなく、高校の理事長のものでもなく、自分達のものでさえありません。それは誰のものでもないのだけれど、部員達は自分達の所属する部の「栄光の歴史を持つ伝統」を思い返して、「その伝統の中にもう一度入り込もう」と思って頑張るのです。

　部員の高校生達にとって、自分の所属する部は「国家」で、県大会の一次予選で敗退して、それで監督に怒鳴られても黙ったままでいるのだとしたら、部員の高校生達は「俺達の国家なんだから、しょうがねェじゃねェか。これでいいじゃねェか」と思っているのです。でも、その「国家」に「栄光の歴史」や「誇るべき伝統」を見たら、「そうだ、自分達はその国家の一員だと考えてもいいんだ。だったら、もっと頑張れる！」

と思えるようになるでしょう。それが部員達にとっての「国家主義」です。

「国家主義は、自分達の国家に関する不安から生まれる」というのは、こういうことです。

「国家」という立派な鎧《よろい》

「国民の国家」になってしまったら、「国家」はもう「自分達のもの」で、その「国家」が一時期に比べて冴《さ》えないものになっても、「自分達のものなんだからどうでもいいじゃないか」という気になる人は出て来るでしょう。それは、「自分は自分の責任でだらしなくなってるんだ。誰にも迷惑をかけてないからいいじゃないか」という論理と同じです。当事者というものは、このように意外と簡単にやる気をなくしてしまいます。

でも、そんな時に「それじゃだめだ！」と叫ぶ人はいるのです。「部員」という当事者から少しずれたところにいる監督の先生が、「なにやってんだ！」と叫ぶように。

監督が「一次予選なんかで負けやがって、このバカヤロー！」と思う情けない部の現状は、「バカばっかりの民主主義国家」です。「輝ける栄光の歴史があった時代」と監督が思うのは、だらだらとした部員達が「自分の都合」なんかを言わず、監督の指示に従って指示以上の成果を挙げていた時代です。だから監督は「輝かしかった過去」を目指そうとします。

監督が目指すのは、「国家そのものが輝かしかった時代」です。それは「立派な王様が国を治めていた時代」ではありません。「優秀な部員達ばかりで、全員が監督の言うことを素直に聞いていた時代」です。選手達がだらけている今を、監督は「バカばっかりの民主主義」と思いますが、そう思う監督もまた民主主義の中で育った人なので、今更王様に出て来られて「自分もまた王様の言うことに従わなければならない」なんていうことにはなりたくないのです。

つまり監督は、選手達がつべこべ言わずに監督に従ってくれることを夢見ているのです。早い話、監督は独裁者になりたくて、自分が独裁者になればすべてはうまく行くはずと、信じているのです。

監督は、自分が独裁者になれば、栄光ある輝ける歴史を「我が部」に取り戻せると信じていて、それは部が存在する高校の理事長のためなんかではありません。「俺が独裁者になれば栄光の歴史が取り戻せる」と思う監督にとって、自分の上にいる理事長なんて邪魔なのです。

「自分が栄光の歴史を取り戻してしまえば、自分の雇い主だって文句を言うはずはない」と思う監督は、「栄光の歴史を持つ部」の頂点に立ちたくて、県の一次予選で敗退してしまっただらしない部の上に「かつての栄光」を見て、「俺ならやれる！　俺がやらなければ！」という気になってしまうのです。唐突かもしれませんが、明治維新をなしとげた人の頭の中は、この監督の頭の中と同じです。

かつて、国家の中心には王様のいる光輝く立派な宮殿があった。今の国家はもう王様のいる時代ではないけれど、「国家」というものがそもそもは、「国のリーダーとなるべき人間のいる光輝く宮殿のようなもの」だと思ってしまうと、それはもう「独裁者が生まれることへの待望」で、「国家」というものは、独裁者を待望する人、独裁者になりたいと思う人が身に着ける、耀《かがや》かしく立派な「幻想の鎧」になってしまいます。

前に、「国家主義とは〝もう出来上がっている我々の国家をなんとかしようとする主義〟だ」と言いました。それだけでは、まだ国家主義の説明には不十分で、「我々の国家をなんかしようと思って、過去にあったのかどうかはよく分からない〝立派な国家〟という幻想を持ち出してしまう」というのが、危険な国家主義の姿なのです。

「過去の栄光の歴史」を夢見て、それを再現しようと思って監督が独裁者を目指すのは、「独裁者の側の国家主義」です。では、「自分達は栄光の歴史を持つ部の一員なんじゃないか！　もっと頑張ろう！」と思う部員の高校生達の方はどうでしょう。

そこに「栄光ある部の一員になりたかったら、俺の言うことを聞け！」という監督が現れて、「はい！」と言ってしまったら、それは独裁者の存在を許す、選挙で「独裁者に賛成」の票を投じてしまう国民になります。そういうことをして、その後は「お前達は、俺がどんなことを命令してもいいって認めて、俺を支持したんだろう」と言われて、どんどんひどい目にあわされて行きます。「そうなってもかまわない」と思ったわけでもないのに、「独裁者を支持」という一票を投じてしまえば、そういう方向へと進むのです。それが、「独裁者を認めてしまう国民の側の国家主義」です。

「我々には、かつては耀かしい歴史があったんだ」と思うことは、努力のための有効なモチベーションにはなります。でも、そのことと「俺の言うことを支持しろ！」と言う独裁者の指示通りに動くことは、また別です。冷静に考えて、「かつては耀かしい歴史があったということと、あまり耀かしくない現在があるのはまた別だ。僕等は、今の僕等に出来ることを考えて、出来るだけの努力をしよう。そうすれば、かつての歴史とは違った、新しい栄光の歴史を作ることが出来るかもしれない」と考えることが、「立派な国家」という幻想に躍らされる国家主義から自由になる道です。

ファンタジーではないので、「この耀かしい鎧を着れば、たちどころに荒廃した国家は甦って、栄光の姿を現す」ということはないのです。

国家主義は「変革」と相性がいい

日本の政治上のリーダーは内閣総理大臣ですが、でもこの総理大臣は、直接国民に「俺達は頑張れるはずだ！」「私達は頑張れるはずです！」という再建を呼びかける声を発して、そのことによって支持を集めて総理大臣になるというわけではありません。

日本の総理大臣は「なんらかの理由で国民の支持を集めて選ばれた衆議院議員達」によって構成される政党の、しかも衆議院の中で多数派を形成することが出来る政党のリーダーがなるものです。そのリーダーを選ぶことが出来るのは、その政党に属する党員だけで、国民が直接、国のリーダーである総理大臣を選ぶことは出来ません。つまり、今の日本に、国民が直接独裁者を選び出すシステムはないのです。ところが、都道府県知事や市区町村長といった地方自治体のリーダーは違います。彼等は、有権者に直接訴えて、リーダーになることが出来るのです。

地方自治体のリーダーは、彼等とは別に選び出される地方議会の議員達から選び出されるものではありません。だから、自治体のリーダーとその自治体の議会が対立してしまうことが起こっても不思議ではありません。そんな場合はどうするのか？　リーダーのやることを制限しようとする議会を、リーダーが招集しなければいいのです。「議会を招集する」と自治体のリーダーが言われなければ、その自治体の議会は開けませんが、自治体のリーダーには、「議会を招集して開く」という権限があるのです。議会というのは、一年中いつでも開いているものではなくて、招集されることによって始まるものなのです。

「リーダーが議会を招集しないままでいる」というのは、本当はやってはいけないことなのですが、「議会なんかなくても行政は進行する。行政のトップである私のやることに一々反対する議会なんかない方が、行政はスムーズに進行する」とそのリーダーが思えば、「議会を招集しない」という事態は起こります。そして「やがて議会を招集しなくなる」というのは、国家主義の独裁者のやり方でもあるのです。

「行政をチェックする議会が招集されなければ、行政はスムーズに進む」という理屈をリーダーが前に押し出しても、「そのスムーズに進む行政が、いい行政か悪い行政か分からないだろう?」という疑問は生まれます。議会というのは、その行政のやり方をチエックするもので、だから、リーダーの勝手な都合で議会を招集しないというのはあってはならないことです。それで仕方なしにリーダーは、地方議会をいつかは招集することになりますが、そうなると、リーダーのわがままに振り回された後で招集された議会は「あんたにはリーダーの資格がないから辞めるべきだ」という決議をしてしまうかもしれません。

議会から「あんたは辞めるべきだ」と決議されてしまったら、リーダーはどうするのか？「ああ、辞めてやる！」ということにして、辞任してしまえばいいのです。議会がそんな決議をしなくたって、議会との関係が面倒くさいものになったら、やっぱり「ああ、辞めてやる！」で辞任してしまえばいいのです。

自治体のリーダーが辞めてしまったら、新しいリーダーを選び出す選挙をしなければなりません。「議会との対立で負けた」という形を取って辞めたとしても、辞めたリーダーは、あらためてこの選挙に立候補すればいいのです。その選挙戦で、辞めたリーダーが訴えることとは、「議会は私の邪魔をした。この選挙で、私が正しかったか議会が正しかったかのジャッジをしてほしい！」になるのは決まっています。

辞めたリーダーがもう一度選挙に立候補して勝って、再びリーダーになったら、「私は有権者の信任を得た。私のやり方は正しいと認定されたんだから、私のやり方に反対する議会の言うことなんかもう聞かない。有権者は議会なんかより私の方を支持しているんだ！」と言って、自分のやり方を強固にするだけです。

もちろん、こういうことを二度も三度も繰り返せば「あのリーダーにはちょっと問題があるんじゃないか？」ということにもなってしまいますが、「国民の支持を得たことによって、国民の支持を得ていた議会の否定をする」というのも、民主主義の前提にのっとったまま、わけの分からない方向へ進んでしまう、独裁を目指す国家主義のやり方ではあります。

「議会の言うことなんか聞かない！」だけだと、古い頑固者のように思えてしまいますが、もう少ししたたかで考え深いリーダーだったら、「この議会に私を安定的に支持してくれる議員勢力がないのはまずい」と考えます。今や地方自治体のリーダーは「無所属」として選挙に出馬するのが当たり前のようになっていますから、議会に「市長を支持する会派がない」は珍しくありません。だから、考え深くてしたたかなリーダーは「議会に於《お》ける私の立場を確かなものにするために、私を支持する人間達を集めて政党を作り、議会へ送り込んでしまおう」と考えます。これも当然、「国家主義の独裁者を目指す者にありがちな考え方」です。

しかし、私の言うことはどこかへんです。どうしてかと言えば、まともに考えたら「そんなに強引で勝手なエゴイストが、有権者の支持を得ることなんかあるんだろうか」ということになるはずだからです。でも、私の言った「地方自治体のリーダーに関すること」は、この現代の日本で実際にあったことで、「そんなに強引で勝手なエゴイスト」は、十分に有権者の支持を得ているのです。

では、どうしてそんなことが可能になるのでしょう？　その理由は、そんなリーダー達が出現する地方政治が、「これでいいんだろうか？」というような危機的な状況になっていて、出現するリーダー候補者が「変革」とか「改革」を叫ぶからです。

「強引で勝手なエゴイスト」でもあるリーダーは、「変革を叫ぶ行動力のあるリーダー」であったりもするのですが、国家主義は、「不安」というものから生まれるものですから、国家主義と「変革」は、いたって相性がいいのです。

意外と身近な国家主義

昭和が終わってバブルがはじけて以来、日本はパッとしません。「なんとかしなきゃいけない」と思っても、あまりなんとかなりません。「パッとしない日本」をなんとかするためには、構造改革や組織改革や社会の変革や意識改革が必要だということにもなりますが、自分達で「この組織の変革をしよう！」と思う気のない、だからこそ「パッとしないままの現状」を持続させている組織に、そんなことの実現は無理です。だから、旧態依然で変わろうとしない組織や集団を相手に、「変われ！」と強い力で向き合えるリーダーが待望されます——一般論で言っているだけで、私自身が待望しているわけではありません。

自分から変わろうとしない組織に「変われ！」と言って改革を実現させるのに必要なのは、第一に知恵ですが、それがあんまりない時に発動されるのが「大いなる権力」です。しかし民主主義は、行政のトップに「大いなる権力」が宿ることなんか望みません。そんなことをしたら、国民が圧迫される危機が訪れます。だから、「大いなる権力の必要」ということも、「決断力」とか「実行力」という言葉に置き換えられます。誰が置き換えるのかというと、もちろん、「大いなる権力」を夢見てしまいがちな人達です。

そんな言い換えが必要で、しかも通ってしまうというのは、民主主義がいろいろな点であやふやなところがあるものだからで、だからこそ国家主義は民主主義をいろいろにねじ曲げてしまうのですが、「決断力」とか「実行力」が強力に発揮されるために必要なのは、実は「人の言うことを聞かない！」なのです。

改革を実行しようとする人の「敵」となるのは、「ああだ、こうだ」と屁《へ》理《り》屈《くつ》を言って改革の必要を受け入れないことによって「抵抗勢力」と呼ばれてしまう人達です。そもそも民主主義というのは、多様な人が集まって「ああだ、こうだ」と言うものですが、

「改革」を叫ぶ自治体のリーダーを「善」とすると、これに対して「ああだ、こうだ」と言う議会は「一蹴されてもいい愚かな既得権《きとくけん》者の集団」にもなってしまいます。実際に彼等のかなりの部分が「愚かな既得権者」であったりして、状況が長い間パッとしなくて、それがどうにもならないままだったりすると、「さっさとなんとかしろよ！」の声だけは高まってきます。実際に、今の日本ではグダグダと長い理屈を言っていれば、それだけで嫌われる傾向が出てしまっています。

日本全体がパッとしないのであれば、地方の疲弊なんか当たり前です。これを「なんとかしなくちゃいけない」と思う人間が、自治体のリーダーになろうとして立候補します。地方自治体のリーダーはその有権者達から直接選び出されるものですから、一度「有権者の支持を得た決断力と実行力のあるリーダー」になってしまったら、こわいものはありません。有権者達から自分とは別箇に選ばれている議員達が作る議会なんかはこわくもなく、命令を下せば従うしかなくなっている行政組織の職員なんかよりも、議会は「下らない理屈を言うだけの愚かな存在」になってしまうのです。

行政のリーダーのやることをチェックすべき議会は、実のところ「言うだけでなにもしない存在」でもありますが、議会というものは「行政に対してものを言う」に専念する機関なのです。だから、「決断力と行動力のあるリーダー」は、自分をチェックする議会をいやがって、「言うだけでなにもしない」といういちゃもんをつけたりもします。

「決断力と実行力のあるリーダー」にまず必要とされるのは、状況を見定めるための「聞く能力」ですが、「パッとしない状況」が長引き、「変革の必要」が叫ばれて「決断力と実行力のあるリーダー」が待望され出現してしまえば、「グダグダ言うやつのことを聞く必要はない」になって、議会の言うことは平気で無視されてしまいます。

一度リーダーになってしまえば、どんな批判を受けても「私は間違っていない。私はきちんと民主主義のやり方を踏襲している」と言って通ってしまうのが、民主主義を前提とした国家主義のすごいところで、逆を言えば、それを可能にしてしまうところが、民主主義の弱いところなのです――ということはつまり、民主主義の世の中に、「国家主義の芽」はいくらでも存在しているということです。

国家主義者は憲法を変える

「決断と実行力」を誇る国家主義系のリーダーは、自分の言うことに賛成しない議会を「無能」と決めつけて、平気で無視をする方向に進んでしまいます。「私は有能で、決断力と実行力があるから、住民の支持を得ている。だから、文句を言うだけで無能な議会なんか無視してもいいのだ」と。

独走したいリーダーは、人の言うことなんか聞きたくありません。初めはそうでもなかったけど、自分のすることがうまく行って、その結果、自分のするべきことが多くなってフルスピードで走り始めると、人の言うことを聞いている余裕なんかなくなります。それとは逆に、初めはうまく行っていたのに、すぐに失敗して、「あわわ、大変だ！」と思って自分の失敗を取りつくろうことで頭がいっぱいになり、それで人の言うことが聞けなくなる人もいます。もちろん、初めから「人の言うことなんか聞かない！」という、心に傷を抱えている人だっていますが。

なんであれ人は、うっかりすると他人の言うことを聞かなくなります。そこら辺にいる普通の人なら、「あの人はああいう人だから」で終わってしまいますが、国や地域を動かす人だと、そうはいきません。リーダーの好き勝手を野放しにしたら、国や地域が危くなります。だから、そのために議会というチェックの機関はあって、そのチェックの正当性を認める憲法は、ちゃんと存在しているのです。

でも、国家主義者は人の言うことを聞きません。「個人のあり方より国家のあり方を優先する」というのが国家主義であれば、国を動かすリーダーのやることに反対する個人の声なんかは無視してもいい――そのように考えるのです。リーダーのやることやり方に反対する個人――議員であろうとただの市民であろうと同じですが――の言うことに、耳を傾ける価値があったとしても、聞こうとはしません。人の言うことを聞かずに突っ走ってしまうリーダーにとって、自分の言うことを聞かない人間は、もう「敵」同然なのです。

「敵なんだから弾圧しろ！　滅ぼせ！」という声は、放っておけば生まれてしまいます。

部活なら、「俺の言うことが聞けないなら出てけ！」と平気で言う独裁者監督の登場です。

今までエンエンと言って来たことですが、近代になって登場する「国民の国家」は、国民を縛ろうとする支配者の力を拒絶することによって生まれました。だから、そうして登場した国民の国家は、どれも「支配者になりかねない権力者」が生まれることを防止する決まりを持っています。リーダーが議会にチェックされるというのも、その決まりの一つですが、それを最終的に保障するのが憲法です。

だから、人の言うこと——つまり自分のやることに反対する国民の言うことを聞きたくない国家主義者は、リーダーの力に制限を加えたり、国民の言論の自由を保障する憲法を変えようとするのです。

憲法という最高法規

現在の日本国憲法には、「最高法規」と題される章があります。最後に「補則」を残すだけの最終第十章で、そこでは「最高法規であるということはどういうことか」が語られています。

第十章の最初の第九十七条は、《この憲法が日本国民に保障する基本的人権は、人類の多年にわたる自由獲得の努力の成果であって、これらの権利は、過去幾多の試練に堪へ、現在及び将来の国民に対し、侵すことのできない永久の権利として信託されたものである。》です。

（現在の日本国憲法は、その制定された時期が「歴史的かなづかい」の時代だったので、その条文はまだ「旧かな」です）

「基本的人権」に関しては、日本国憲法の第三章で詳しく述べられていて、「思想および良心の自由」とか「信教の自由」「学問の自由」「言論の自由」といったものがここで保障されているのですが、第十章の第九十七条は、その第三章の保障を「永遠に保障する」と明記したものです。なんでそんなことをするのかと言えば、「基本的人権の保障が危機にさらされる場合がないわけではない」ということがあるからです。だから、

《これらの権利は――侵すことのできない永久の権利として信託された（註：国民に預けられた）ものである。》と言って、その後に第九十八条が続きます。

第九十八条は一項と二項に分かれていて、第二項は、「外国と結んだ条約や国際法規は守る」ということを言っているのですが、第一項は「憲法が最高法規であることの意味」を語っています。これです――。

《この憲法は、国の最高法規であって、その条規に反する法律、命令、詔勅《しょうちょく》及び国務に関するその他の行為の全部又は一部は、その効力を有しない。》

憲法が最高法規であるということは、憲法の条文に書かれていることに反する法律なんかが成立したとしても、無効であるということですね。二〇一五年の夏に安全保障関連法案が国会で審議される時、「この法案は憲法の条文に違反する可能性がある」という声が憲法学者の間から上がって、これに対して首相補佐官が「法的安定性は関係ない」と発言して大問題になりました。「法的安定性」とはつまり、「憲法の規定に反する法案は無効だから、憲法が条文に規定する方向に合致しないものは、法律として存在してはならない」ということです。だから、「法的安定性は関係ない」という発言が総理大臣の周辺から出てしまうということは、それ自体が憲法九十八条違反だったりします。「法的安定性」を無視してもいいのだったら、どんなにメチャクチャなひどい法案であっても、首相を支えて国会で多数を誇る与党がこれに賛成した場合、法律として成立して、国民を縛ることになってしまいます。だから、絶対なる権力が保障されている首相を補佐する立場の人間は、こんなことを言ってはいけないのです。そのことは、第九十八条に続く第九十九条にちゃんと書いてあります。こうです――。

《天皇又は摂政及び国務大臣、国会議員、裁判官その他の公務員は、この憲法を尊重し擁護する義務を負ふ。》

ここに書いてあることは「行政、立法、司法にたずさわる人間は、憲法に縛られて、その規定内に留まっていなければならない（義務を負う）」ということで、ここに「天皇」や、特別の事情があって天皇の代役を務める「摂政」という言葉が登場するのは、日本国憲法の前にあった大日本帝国憲法の規定——《天皇は、国の元首にして、統治権を総攬《そうらん》し、此《こ》の憲法の条規に依り之《これ》を行ふ。》とあるように、天皇に政治的な万能性を持たせることを防止するためです。「国務大臣」は、内閣を構成する大臣達のことを言って、普通、総理大臣は「国務大臣」とは別扱いですが、だからと言って、総理大臣一人がこの日本国憲法を軽んじていいというわけではないので、憲法第九十八条の「国務大臣」の中には、当然、総理大臣も含まれます。

だから、その総理大臣の側近である首相補佐官が「法的安定性は関係ない」なんてことを言うのは論外で、「そんなことを言いたかったら、憲法を変えてから言え」です。

そしてたぶん、そんなことを考えている人達はいるのでしょう。だから政治の中枢付近では、「憲法改正」が考えられています。

なにを考えて「憲法を改正したい」と言うのだろうか?

東日本大震災のあった翌年の二〇一二年、自由民主党は「日本国憲法改正草案」というものを発表しました。「憲法改正」を訴える安倍晋三《あべしんぞう》内閣の改正案は、当然この草案に沿ったものであるはずです。

憲法改正ということになると、どうしても第九条の「戦争の放棄」のところにばかり目を向けられてしまいますが、自民党の改正草案では、第十章の「最高法規」というところにも、改正したい側の視線が向けられています。

変えたい人達は、第九十九条をこのようなものにしたいらしいです――。

《国会議員、国務大臣、裁判官その他の公務員は、この憲法を擁護する義務を負う。》

第九十九条にあった《天皇又は摂政》の文字が消えています。第九十九条の《この憲法を尊重し擁護する義務を負ふ》というのは、第九十九条に列記される人達が「憲法に縛られることを当然だと思わなければならない」ということですが、自民党の改正案で《天皇又は摂政》の文字が抜けているということは、《天皇又は摂政》がこの憲法に縛られない、超然としているということです。大日本帝国憲法の第三条にあった《天皇は、神聖にして侵すべからず。》という言葉を思い出させます。

自民党の改正案で変わっているのは、そこだけではありません。第九十九条にあった《この憲法を尊重し擁護する義務》から、《尊重し》の部分が消えています。「擁護はするが尊重はしない」というのはなんだかへんなものですが、ここに「法的安定性は関係ない」という言葉を持って来て考えると、「憲法を擁護はしても尊重はしない」のだから、政治に関わる人間達が「法的安定性は関係ない」と言ってもいいんだということにもなってしまいます。

「政治関係者が憲法を尊重しないんなら、誰も憲法を尊重しないんだろうか?」と思っていると、自民党の改正案は、現行憲法の第九十九条を二項目に分けて、新しく設けた一項の中で、そのことを言っています。こうです――。

《全て国民は、この憲法を尊重しなければならない。》

憲法を改正したい自民党の国会議員や国務大臣の人達は、「我々は尊重しないが、国民はこの憲法を尊重しろ」と言いたがっているようにも思えます。自民党の改正案で、国民に「尊重しろ」と言っている「憲法」は、当然現行の日本国憲法ではなくて、自民党が改正してしまった後の憲法ですが、では、その「尊重しろ」と言われる憲法はどんなものなのでしょうか？

現在の憲法と自民党の改正草案との違いはいくつもありますが、今は一つだけ挙げます。自民党の改正草案には、第九十七条がまるごと存在しなくなっているのです。

前にも言った通り、憲法の第九十七条は、第三章で保障する基本的人権を、更に強固に保障するものです。「基本的人権の保障が危機にさらされる場合がないわけではない」から、こういう条文があるのですが、この条文が削除されてなくなってしまうことは、その「危機」の一つです。

自民党の改正案でも、第三章にある「基本的人権の享有」は現行憲法と変わらずに保障されていますが、微妙なところで違っています。

自民党の改正案で、現行憲法の第三章第十一条は、次のようになっています――。
《国民は全ての基本的な人権を享有する。この憲法が国民に保障する基本的人権は、侵すことのできない永久の権利である。》

別に、なんの問題もないように思えます。でも、現行憲法のその条文は、《国民は、すべての基本的人権の享有を妨げられない。この憲法が国民に保障する基本的人権は、侵すことのできない永久の権利として、現在及び将来の国民に与えられる。》です。

法律の条文だから分かりにくいかもしれませんが、二つの条文の違いは、自民党の改正案が「現在止まり」であるのに対して、今の憲法が「未来」までを保障していることです。

どういうことかと言いますと、自民党の改正案は、「もう国民は十分に基本的人権を保障されて持っている（享有）」という前提に立っています。言い換えれば、「もう十分だろ」です。将来において、「こういうことも基本的人権にカウントすべきだ」という声が上がった時、改正案の条文だと、「もう十分なはずだからそんな要求はするな」と言えてしまうのです。改正案の《基本的人権を享有する》と、現行憲法の《基本的人権の享有を妨げられない》を比べてみると、改正案の持っている「もう望むな」というニュアンスは明らかになると思います。

改正案は、憲法で保障する基本的人権を《侵すことのできない永久の権利である》で終わらせていますが、現行憲法の条文はまだ現在進行形で、《侵すことのできない永久の権利として、現在及び将来の国民に与えられる》で、「基本的人権は、現在考えられているものよりも、将来になって増える可能性がある」ということを暗示しています。

自民党の改正案の基本的人権は、「もう保障されているんだから、これ以上ほしがるな」です。そういう考え方がなければ、自民党案のように憲法の第十一条は改正される必要がないのです。

「俺達はともかく、国民は俺達が変えた憲法を尊重しろ」と言っている自民党の改正案は、政治を担当する人間達のわがままを縛るよりも、「国民のわがままを縛る」という方向へ傾いています。それを物語るのが、第十一条に続く第十二条の改正案です。

第十二条は、「国民の自由と権利は憲法で保障されているが、だからといってこれを濫用してはならない」ということを言う条文ですが、現行憲法は《濫用してはならない》の後に《常に公共の福祉のためにこれを利用する責任を負ふ》と続きます。つまり、「自分のエゴだけで、自由と権利を勝手に使っちゃだめだよ」で、国民に自制を求めています。

現行憲法は、そのように国民に釘《くぎ》を刺しているのですが、自民党の改正案になると、厳しい校則並みのお説教で、「濫用するな」の後には《自由及び権利には責任及び義務が伴うことを自覚し、常に公益及び公の秩序に反してはならない》と続きます。

自民党の改正案は、歴然と国民を規制する方向に傾いています。「そんなことはない」と言っても、「そうなってしまう可能性」だけは歴然とあって、それを許します。

憲法というのは、国民のあり方——基本的人権を保障する「最高法規」なのですから、その憲法の中に「国民の基本的人権を規制する可能性のある条文」は、あってはならないはずです。

大切なことはちゃんと考えなければならない

「立憲主義」という言葉があります。「立憲」とは、憲法を制定することで、「立憲主義」というのは「憲法に基いた政治をする」ということです。でも、これだけだと「分かりはするけど、なにが分かったのかよく分からない」ということにもなります。だからもう一度、「なぜ憲法を制定しなければならなかったのか」という、その初めを考えてみなければなりません。

既にこの本の中で言ったことですが、近代になって「国民の国家」が誕生する時、必要だったのは、国の支配者である王様のわがままを抑えることでした。だから憲法は、制定されたのです。だから憲法は「王様のわがままを縛るもの」なのです。

「立憲君主制」というのは、「憲法を制定して、君主である王様が統治する政治」というだけではありません。その王様は憲法に縛られるのです。「王様を縛るための憲法があって、王様はそれに従って統治をする」というのが立憲君主制で、ただ「王様がいて、憲法がある」だけでは、立憲君主制とは言いません。

憲法とはそういうものですから、国家から王様がいなくなったり、政治の座から退いた後であっても、権力の座に着いた政治担当者を縛るものが憲法です。だから、民主主義の中から生まれた独裁者は、その憲法を自分の都合のいいように変えたがるのです。

でも、日本は「明治になって近代国家になった」と言われても、そこで制定された憲法は、天皇に絶大な権力を与えて、天皇を縛るということをしませんでした。天皇は縛られず「なんでも出来る」ということになっていたので、天皇の力を借りて、天皇の名の下に権力者達はいくらでも好き勝手な方向に進んでしまい、それにブレーキをかけられませんでした。始めた戦争が負けた時に、やっとそのことがブレーキになったのです。

そういう経緯があるので日本人には忘れられがちで、もしかしたらそういう理解もないのかもしれませんが、憲法というものは、「権力者を縛って国民を守るためにあるもの」で、「権力者を守って国民を縛るようなもの」は、憲法なんかではありません。少なくとも、国際連合――United Nationsに加盟して「基本的人権」のあり方を肯定する「国民の国家《ネイション》」の憲法ではありません。

法律の言葉は、めんどくさくて複雑です。だから、法律の話になるとややこしいことだらけで、「国家」を語る言葉も同じように厄介です。でも、権力者は放っとくとわがままになり、人の言うことを聞かなくなって、国の政治というものは、その「権力者」になりかねないような「代表者」を必要として、行うものなのです。だから、「代表者」が「指導者」や「権力者」になりそうな気配だけは、気をつけてチェックをしておかなければいけないのです。

二〇一六年の夏から、参政権――つまり選手権は十八歳にまで引き下げられます。政治に参加するのが「権利」であるのは、国民が長い間政治から排除されて、権力者の言いなりになっていたことの結果なのです。

参政権を与えられるということは、政治に参加する義務を与えられたことで、「自分達がこの政治を支えていかなければならない」ということを自覚させられることです。

ちゃんと考えるだけの頭を持たなければ、ちゃんとした政治を支えることは出来ません。ちゃんとした判断力を持たなければどうなるのでしょう？「民主主義はバカばっかり」と言われる、その「バカ」の一人になるだけです。

はっきりしているのは、「大切なことはちゃんと考えなければならない」——これだけです。ちゃんと考えたって、そうそう簡単に、答はすぐに出せません。でも、「大切なこと」は、ちゃんと考えて、うっかりして人に騙《だま》されないようにしなければいけないのです。

あとがき

「今の若い人は政治に関心を持たない」という言い方がされます。でもこれは、今から二十年前にも三十年前にも四十年前にも言われたことです。政治に関心を持たないまま、もう「若い人」ではなくなっている人はいくらでもいます。

では、どうして政治に関心を持たないのでしょう？　その一つは、政治がややこしくてむずかしくて「よく分からないもの」だからです。私はそのことを否定しません。「若い人」だけではなく、「もう若くない人」も含めて、「政治に関心がない」と言う人の中には、「政治に失望しているから」と言う人がいます。「選挙に行ったってなにも変わらないし、政治家なんかみんな同じでしょう？」とか。こういう人は、実は、政治を他人にまかせ放しにして、「政治に参加する義務」というものを放棄しているのですね。「本当にああいう人間に政治をまかせておいていいのか？」と思って監視することも、

「政治に参加する義務」の一つです。

「監視してどうするのか」ということその先のことは、あなたの考えることで、私がどうこう言うことではありません。でも、「それで結局どうするのか?」ということになると、答は大体「選挙に行こう」になります。

「選挙に行こう」はいいですが、「でも、選挙に行って、なにを基準にして選んだらいいのかが分からない」という悩みだってあります。「選びたい人がいない」とか。

「選びたい人がいない」になったらどうするのか? 進むべき方向は決まっています。

「政治家として選びたいような人が生まれて来る世の中にする」です。することがなくて暇だったら、そのように考えることをおすすめします。「することがある」のならなおさら、そのように考えることをおすすめします。

「選挙ではなにを基準にして選べばいいのかよく分からない」というのはよくある悩みですが、基準となるものは、候補者のポスターではありません。あなたの胸の中にあるものです。なぜこんなことを言うのかというと、国家が我々国民のもので、国民には、国家を支える政治に参加する義務があるからです。「自分が国民である国家は、どういう方向へ進めばいいのか?」と考えることが、そもそもの基準です。

「政治が分からない」というのは、そもそも「政治」というものを入れておく「国家」という容れ物がよく分からないからです。だから、「自分で決めよう」とは思わずに、「誰かに決めてもらおう」と考えてしまうのです。

「誰か」に決めてもらう前に、自分で決めておかなければなりません。どうしてかと言えば、国家というものが「我々国民のもの」だからです。だから、大事にしなければいけないし、ちゃんと考えなければいけないのです。なにより大事なのは、そのことです。

「国家は我々国民のものである」――このことをはっきりさせるために、私はこの本を書きました。「バカでも国民か」なんてことを言われないように、考えるべきことは考えて、自分が立っているその足許だけは明確にさせましょう。

これで終わりです。

橋本治の本

ちゃんと話すための敬語の本

敬語ってむずかしいよね。
でも、その歴史や成り立ちがわかれば、
いつのまにか
大人の言葉が身についていく。
これさえ読めば
もう敬語なんかこわくない！

ISBN978-4-480-68701-2

ちくまプリマー新書 001

橋本治の本

古典を読んでみましょう

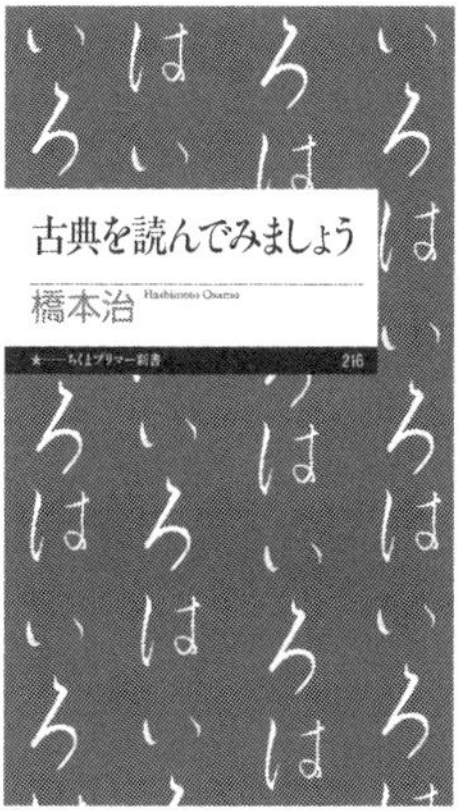

ちくまプリマー新書 216

ISBN978-4-480-68920-7

古典は、とっつきづらくて
分かりにくいものと思われがちだ。
でも、どれもが
ふんぞり返って立派なものでもない。
さまざまな作品をとり上げ
その魅力に迫る。

chikuma primer shinsho

ちくまプリマー新書256
国家《こっか》を考《かんが》えてみよう

二〇一六年六月十日　初版第一刷発行

著者　橋本治（はしもと・おさむ）
装幀　クラフト・エヴィング商會
発行者　山野浩一
発行所　株式会社筑摩書房
東京都台東区蔵前二‐五‐三　〒一一一‐八七五五
振替〇〇一六〇‐八‐四一二三
印刷・製本　中央精版印刷株式会社

ISBN978-4-480-68961-0 C0231 Printed in Japan

乱丁・落丁本の場合は、左記宛にご送付ください。
送料小社負担でお取り替えいたします。
ご注文・お問い合わせも左記へお願いします。
〒三三一‐八五〇七　さいたま市北区櫛引町二‐六〇四
筑摩書房サービスセンター　電話〇四八‐六五一‐〇〇五三